애프터
버블

애프터

근대 자본주의는 연명할 수 있을까

버블

오바타 세키 지음 | 신희원 옮김

미세기

차례

제1장 버블 애프터 버블의 30년

사상 최악의 주가 폭락은 왜 일어났는가

제4장 새로운 차원의 금융정책이 필요하다

양적 완화는 시대착오

제5장 '안심' 신화가 재정을 파탄으로 내몬다

코로나 대책이 산으로 가는 이유

제6장 '애프터 코로나'의 자본주의

원점 회귀의 '경제 모델'로

버블이 만들어낸 경제성장,
버블이 파괴한 경제성장

버블 애프터 버블

버블은 언제나 버블 애프터 버블이다.

이것이 버블의 기본 구조이자 본질이다.

버블 다음에 버블이 오고, 버블이 붕괴하면 이를 구제하기 위해 버블이 만들어진다. 그리고 또 버블이 붕괴하고, 다시 일어서기 위해 다시금 버블이 필요해진다.

이 과정을 계속 반복하는 것이다.

버블은 부풀어 오르기에 터진다. 터지면 쪼그라든다. 그때 원래대로 되돌리려면 다시 부풀리는 수밖에 없다. 쪼그라든 것은 부풀리는 것 말고는 되돌릴 방법이 없다.

다시 말해 한번 외부의 힘으로 부풀린 것은 터지거나 쪼그라들거나 쪼그라든 것을 부풀리거나, 어느 하나의 상태로밖에 존재할 수 없다.

자연스럽게 안정된 상태로는 영원히 되돌아가지 못한다.

이것은 큰 문제다. 같은 크기로 계속 존재할 수 없다. 계속 부풀어 오르는 것밖에 계속 존재할 방법이 없다. 그것 말고는 터지거나 쪼그라들거나, 어느 쪽이 되었든 바람직하지 않은 상태밖에 없다.

버블경제는 이러한 상태를 일컫는 것으로, 주로 금융시장의 버블이 크게 영향을 미친다.

버블이라고 하면 일반적으로 금융시장에서 일어나는 일이라고 생각하는데, 버블의 주 무대는 바로 버블경제다. 금융시장의 버블은 좀 더 알기 쉬운 형태로 일어나서 화려하게 부풀어 오른 후 드라마틱하게 터지기 때문에 눈에 띄는 것일 뿐이다. 경제 전체에서도 일어나는 일인데, 좁은 곳에서 상징적으로 벌어지는 모습이 금융시장의 버블이다.

버블은 무엇일까.

그것은 앞에서 이야기한, '외부의 힘으로 부풀린 것'이다.

이것은 내가 내린 버블의 정의로, 버블의 본질이다.

버블은 언제 시작되었을까.

어떤 학자들은 화폐의 등장과 함께 자본주의가 시작되었다고 하는데, 이는 화폐를 매개로 하는 교환을 통해 부가 축적되므로 생산이 일어나지 않아도 자본주의가 존재할 수 있다는 주장이다. '교환'이 자본주의의 기초라는 관점이다.

이 책에서는 이 주장에 깊게 들어가지는 않겠지만, 나는 '자본주의가 버블의 한 형태'로, 버블이 자본주의보다 넓은 개념이라고 생각한다.

자본주의는 무엇인가. 정의를 따지자면 끝이 없으므로 여기서는 이른바 근대 자본주의에 대해서만 고찰한다. 중세 이후에 시작된 근대 자본주의가 버블의 한 예이기 때문이다.

근대 자본주의는 버블이다

버블을 '외부의 힘으로 부풀어 오른 것'이라고 정의 내렸는데, 그렇다면 버블경제는 무엇일까.

자급자족에서 벗어난 경제 상태, 즉 동일 규모에서 경제순환을 반복하는 안정적인 상태에서 벗어난 상태다.

본디 경제는 일정하고 변함이 없는 상태에 있다. 매일 똑같은 일이 반복된다. 생물은 모두 같고, 인간 사회도 원래는 같다. 이때 생산력의 상승, 가령 기술혁신이 일어났다고 하자. 농업의 발명도 좋고 도구의 사용도 좋고 언어의 발명도 좋다. 그렇게 되면 어떤 일이 일어날까. 인구가 증가한다. 생물은 종을 번식하기 위해 존재하므로 여력이 생기면 개체의 증가로 이어진다.

이것이 토머스 로버트 맬서스의 인구론이자 맬서스식 경제성장으로, 일정하고 변함이 없는 상태의 경제성장이라 할 수 있다.

인류가 수만 년에 걸쳐 이룩한 경제성장을 측정하는 첫 번째 지표는 인구다. 기후가 좋으면 먹을 것이 풍부해지고 인구가 늘어난다. 인구 증가와 풍요로운 경제가 같다고 보는 것이 생물 관점의 인류사다.

인류는 어째서 이 안정적인 궤도를 벗어나게 되었을까. 지금부터 조금 구체적인 이야기로 들어가 보자.

앞에서 이야기했듯이 안정적인 자급자족경제에서 탈피한 전형적인 예가 근대 자본주의다. 여기서는 유럽에 국한하여 살펴보기로 한다.

중세 봉건제 시기에는 이동이 제한되어 있었다. 계급이 있어 노예,

소작인, 혹은 자영농 위에 봉건영주가 있고 또 그 위에 왕이 있었다.

농업이 발전함에 따라 잉여가 생겼다. 잉여의 일부는 자영농에도 축적되었지만 대부분은 영주, 귀족, 왕에게 축적되었다. 그 밖에는 똑같은 자급자족이 반복되고 있었다. 하지만 이 자급자족 순환 경제의 밖이기는 하나, 사회 일부에 부가 조금씩 축적되어 갔다.

축적된 부가 흐르기 시작한 것이 근대 자본주의다.

이 현상은 어떻게 해서 시작되었을까.

버블경제에는 크게 세 가지 특징이 있다. '유동화', '외부', '프런티어 개척'다. 이것이 유럽에서 탄생한 것은 1492년, 대항해시대가 시작되면서다.

다시 말해 순환 경제에 외부로부터 무언가가 주입되어야 한다. 그러지 않고서는 순환 속에서의 인구 증가 말고는 경제성장이 일어나지 않는다. 어딘가에서 새로운 부가 유입되지 않고서는 인구 재생산 말고는 전년보다 증가한 수요가 올해 생겨나는 일은 없다는 뜻이다.

대항해시대의 도래와 함께 새로운 부의 유입이 시작되었다. 외부에 잉여 생산물을 팔고, 외부로부터 새로운 물건을 들여왔다. 이때 식민지(그러한 지역)나 주민으로부터 수탈하고, 수탈한 부를 지출하면서 비로소 경제 전체에 영향을 미쳤다. 지출은 곧 왕과 귀족들의 낭비였다. 이는 독일의 경제학자 베르너 좀바르트가 《사치와 자본주의》에서 말한 자본주의의 탄생 이론인데, 나는 다른 시대에도 일반화가 가능하다고 생각한다.

궁정에서 파티를 열고 여성들을 치장하게 하며, 선물을 보내 관심을 끌고자 하는 연애를 통한 낭비가 없었다면 자본주의의 시작은 없었을 것이다. 그때까지 쌓아온 부를 귀족들이 단숨에 낭비한 것이다. 이 현상이 도시의 하층민들에게도 퍼지면서 경제성장이 시작되었다.

물론 이 배경에는 생산력의 상승, 애덤 스미스가 말하는 분업의 발전을 통한 생산력의 비약적인 상승이 있다. 그러나 생산력이 상승해도 돈을 쓸 사람이 없으면 수요는 커지지 않는다. 물건 가격이 내려가면 그만이다.

매년 되풀이되는 데서 빠져나와 경제성장이 시작되기 위해서는 시스템 외부에서 새로운 수요가 유입되어야 한다. 그것이 외부의 '발견', 즉 신대륙의 등장이자 새로운 물건의 등장이자 그것을 사기 위한 축적된 부의 방출이었다.

도시는 버블의 상징이다. 사람들이 모이는 것 자체가 버블이다. 도시로 집중하는 것은 생산이 아니라 소비를 위해서다. 도시 소비문화의 탄생. 똑같은 반복이 아닌 새로운 소비, 새로운 수요가 등장한 것이다.

일찍이 정통 경제학에서는 이를 인식하고 있었다. 애덤 스미스나 데이비드 리카도 시대까지는 재화가 사치품과 필수품으로 나뉘어, 농민은 필수품만 소비하고 지주 또는 귀족들이 필수품과 사치품을 소비한다고 보았다. 그리고 중상주의와 자유무역의 의견이 대립할 때도 사치품과 필수품의 구별은 중요했는데, 자유무역이 귀족과 지주에게만 이익을 가져다줄 것인지 농민을 비롯한 국민 전체가 혜택을 받을 수 있는지를 두고 논쟁을 벌였다.

본론에서 조금 벗어나는 이야기이지만, 나는 자본주의의 발전과 종교개혁이 동시대에 이루어진 데는 의미가 있다고 생각한다.

자본주의는 자본의 확대가 무엇보다도 우선시된다. 자본의 자기 증식이 이루어지는 것이 자본주의의 본질인데, 자본 증식에 대한 브레이크가 없어짐에 따라 자본주의의 고삐가 풀리며 근대 자본주의가 시작되었다.

영주, 귀족, 왕의 위에는 신이 있었다. 그리고 교회가 있었다. 자본의 영원한 증식, 자기 증식에 대한 브레이크, 즉 오늘날의 거버넌스[1]는 신 또는 교회를 통해 가까스로 유지되었다. 형식뿐이더라도 브레이크는 중요하다. 그러나 교회의 추락으로 종교개혁이 일어나면서, 교회가 아닌 개인의 신앙과 성서만 있으면 충분해지자 그 후로는 각자의 해석이 중요해졌다. 자신의 신앙이 올바르다고 믿으면 그만이었다.

막스 베버의 《프로테스탄티즘의 윤리와 자본주의 정신》은 다음과 같이 해석할 수도 있다. 유대인이 금융을 맡은 것은 기독교 사회의 밖에 있었기 때문이다. 교회 거버넌스가 그나마 남아 있던 시대에는 비기독교인만이 자본을 자유롭게 할 수 있었으니까.

어쨌든 자본주의는 외부로부터의 유입, 이를 계기로 하는 유동화로부터 시작되었다. 또 유동화를 통해 국경과 대륙을 넘나드는 교역과 사람의 이동이 급격히 늘어 도시로의 유입이 확대되면서 새로운 잉여

---

1 국가 해당 분야의 여러 업무를 관리하기 위해 정치·경제·행정적 권한을 행사하는 국정 관리 체계.

와 소비를 만들어내어 자본주의의 확대, 즉 버블의 확대가 촉진되었다.

버블의 세 가지 순환

안정적인 순환을 벗어나 버블이 시작되면 경제는 버블의 순환에 지배받게 된다.

유럽 경제(20세기 이후는 유럽과 미국 경제라고 불러야 옳겠지만)의 경우, 지금은 1492년에 시작된 버블 확대기의 중간에 있다. 서양 근대 자본주의는 바로 장기 순환에서 1492년에 시작된 버블 확대기다. 중세의 안정적인 경제순환 뒤에 온 버블 확대기 말이다.

버블 확대기에서 볼 때, 중세는 버블이 없다는 의미에서는 암흑기지만, 안정적으로 자급자족하며 경제 수준을 향상해 나간 좋은 순환을 보인 안정기이자, 진정한 경제력의 축적기였다.

중세는 그 전의 버블 순환이 끝난 후에 성립했다. 고대 로마제국(동서 분열 전)에서 최고치를 맞은 버블 순환 다음의 버블 순환이 근대 자본주의 시대다. 중세는 그 사이에 있었던 안정기다.

그렇다면 버블은 커다란 순환으로 볼 수 있는데, 여기서 순환은 서로 다른 세 가지 순환으로 나누어 생각할 수 있다.

첫째, 장기 순환은 바로 앞에서 이야기한 순환으로, 구체적으로 보면 로마제국에서 극에 달한 장기 순환이 처음이고, 중세라는 안정기를 거쳐, 근대 자본주의라는 버블 확대 국면으로 옮겨 간 장기 순환이 그다음이다.

둘째, 각각의 장기 순환 내부에서 진행되는 중기 순환들이다.

예를 들어 제1장에서 다루는 1990년 냉전 종료 후에 시작된 버블은 중기 순환에 해당한다. 근대 자본주의라는 장기 순환에 속한 중기 순환이다. 그 전의 중기 순환은 제2차 세계대전 종료 후에 시작된 고도성장 중기 순환으로, 이는 석유파동으로 막을 내렸다. 1970년대와 1980년대는 정체기로, 1990년 이후에 일어난 중기 순환의 준비 단계였다. 더 거슬러 올라가 제2차 세계대전 이전을 보자면, 20세기에 들어서면서 중기 순환의 버블 확대기가 시작되어 그 잉여물이 충돌한 것이 제1차 세계대전이었고, 이 버블이 붕괴된 것이 세계 대공황이었다. 19세기 말은 제국주의 시대로, 불황을 반복하며 후퇴기에 있었던 것으로 보인다.

마지막으로, 보통 버블이라고 부르는 단기 순환이 있다. 냉전 종료 후, 이행 경제 버블이 있었는데 이것이 붕괴하고 IT 버블_{닷컴 버블}이 등장했으며, 이 또한 테러와 엔론[2] 사태로 붕괴하고 세계적인 금융완화[3]로 세계 금융버블이 생겨났다. 이때 EU 버블도 시작되었다. 그리고 리먼브라더스 사태로 끝이 났고, 리먼 사태에서 회복되면서 양적 완화[4] 버

---

2 미국 텍사스주 휴스턴에 본사를 둔 에너지, 물류 및 서비스 회사. 2001년 말 보고한 재정 상태가 제도적, 조직적, 체계적, 창의적으로 계획된 회계 부정으로 지탱된 것이었음이 드러났다. 엔론이 파산하자 엔론의 경영진은 물론 회계법인, 법무법인 등을 상대로 한 민·형사 소송이 봇물을 이루었다.

3 금융시장에서 자금의 공급량이 수요량을 웃돌게 해서 자금조달이 쉬워지게 하는 일. 중앙은행의 금리 정책 따위의 경기 자극책으로 이루어진다.

4 중앙은행이 국채를 매입하는 방법 등으로 시중에 통화를 직접 공급해 신용경색을 해소하고, 경기를 부양시키는 통화정책.

블이 생겨났다. 단기 순환에서는 단기 버블과 그것의 붕괴, 그로부터 회복하기 위한 정책으로 인한 버블 생성이 반복되는데, 이것이 바로 '버블 애프터 버블'이다.

경제성장은 버블의 확대

근대 이후의 경제성장은 버블 확대 그 자체로, 버블의 확대가 경제 규모의 확대와 1인당 GDP의 상승을 가져왔다. 그리고 GDP 상승을 통한 생활수준의 향상은 사치품의 소비 확대와 도시에서 일어나는 대량소비 사회의 확대를 가져왔다. 20세기 미국의 경제성장, 일본의 고도성장은 3대 가전(세탁기, 청소기, 냉장고)을 통해 주부가 가사 노동으로부터 해방됨으로써 '여가'라는 개념이 탄생하면서 실현되었다. 돈으로 편의성을 사고, 여가 시간에 오락 소비를 확대한 것이 고도성장을 숫자로 뒷받침하는 소비 확대를 낳은 것이다.

현대에 들어 아무리 경제가 성장해도 빈곤이 사라지지 않는 문제는 기본적으로 절대적인 실질 생활수준이 달라지지 않는 데서 기인한다. 편의성, 오락이라는 사치품의 소비만 늘어나는데, 그 수준이 개인마다 다르므로 거기에서 격차가 생기는 것이다.

명품족이라 불리는 부유층들은 큰돈을 들여 유기농 식재료를 사고, 아침에 유기농 채소 샐러드를 먹고 유기농 고급 레스토랑에서 저녁을 먹는다. 하지만 집에서 기른 채소와 산이나 바다에서 구한 육고기와

생선을 먹던 자급자족민이 누리던 것보다 신선하지 않은 것들을, 큰돈을 내고 시장을 통해 손에 넣으면서 GDP를 상승시킨다.

그리고 도시의 대량소비를 위해 일하는 유통업 종사자들이 도시에 정착해서 자급자족하지 못하고 돈으로 물건을 사게 되면서 소득이 낮으면 빈곤에 처하게 되었다. 빈곤은 도시문제이며, 격차 사회는 경제성장이 버블에 지나지 않는다는 사실을 말해준다.

코로나 위기와 버블의 마지막 국면

지금 일어나고 있는 일을 들여다보자.

사회가 감염병에 우왕좌왕한다. 고도로 발달한 기술을 가진 사회, 20세기 초에 비하면 상상할 수 없을 정도로 경제성장을 실현한 사회가 20세기 초의 감염병 대책과 다를 바 없는 집에 머무르기, 이동 제한, 마스크 착용 같은 수단밖에 내놓지 못하고, 이 정도 대책을 실행하는 데도 온 사회가 떠들썩하게 갑론을박을 벌이고 있다.

우리 경제사회는 최근 수백 년간 버블과 버블성 소비 말고는 그 무엇도 만들어내지 못한 것일까.

이 위기에 우리 사회는 반성은커녕, 오락 소비가 불가능해지자 공황 상태가 되어 오락 소비를 어떻게 회복할지로 요동치고 있다.

이제 자급자족이라는 기본 순환 경제로 돌아가, 현대에 들어 잊힌 의식주 그리고 의료, 교육 등 기본적 필수품의 품질 수준을 사회 전체적으로 조금씩 향상해 나가는 본질적 경제성장을 추구해야 한다.

그러나 현실에서 우리 사회가 향하는 곳은 버블의 최종 국면이다.

버블이 붕괴했음에도 불구하고 다시금 버블을 만들어내서 다시 일어서려고 한다. 또 단기 순환이 시작되고 있는 것이다.

늘 그래왔지만, 지금은 이전과는 다르다. 이 버블이 붕괴하면 뒤가 없기 때문이다. 버블의 최종 국면.

왜일까.

이번에는 버블을 다시 만들어낼 자원이 완전히 바닥날 것이기 때문이다. 이에 따라 1990년에 시작된 중기 순환이 끝날 것이다.

리먼 사태로 끝날 가능성이 컸지만, 세계는 일본은행으로부터 양적완화라는 수단을 수입해서 극복했다. 그러나 중기 버블은 수명을 다해가고 있었으므로 실물경제가 좀처럼 회복되지 않았다. 장기 정체론이 고개를 들며 재정 투입이 필요해졌다. 그리고 코로나 위기로 근대 자본주의, 현재의 장기 순환을 만든 중심지인 미국이 패닉에 빠지면서 한계를 넘은 양적 완화가 또 이루어졌다. 금융정책이 한계에 다다르고 있는 것이다.

다음 위기가 찾아오면 재정 투입은 한계를 넘게 될 것이다.

그 버블이 붕괴하면 버블 외부로부터의 주입은 없다. 주입할 자원이 바닥나기 때문이다.

따라서 중기 순환이 끝날 것이다.

이것으로 근대 자본주의라는 장기 순환이 막을 내릴지는 알 수 없다.

미국 버블경제, 유럽 버블경제 바깥에 중국 경제가 '외부'로 존재할 가능성이 있기 때문이다.

이미 미국 버블경제와 일체화되어 있는 중국 경제가 함께 끝날 것인가. 그렇지 않으면 외부로 기능하며 미국과 유럽의 버블경제를 집어삼켜, 자국을 중심으로 한 새로운 중기 순환을 만들어나갈 것인가.

그것은 중국이 어떻게 하는가에 달렸으며, 동시에 미국과 유럽이 중국을 받아들일지 여부에 달렸다. 중국에 패권을 넘기고 장기 버블 국면의 붕괴를 받아들일 것인가. 아니면 근대 자본주의 버블 붕괴를 받아들이고 세계 장기 정체 국면으로 접어들 것인가. 유럽과 미국이 선택하기 나름이다.

어느 쪽이 될지는 아직 알 수 없다.

제1장

버블 애프터 버블의 30년

사상 최악의 주가 폭락은 왜 일어났는가

코로나 위기와 주가 대폭락은 무관하다

2020년 2월 24일, 미국 주식시장이 이유도 없이 갑자기 폭락했다. 사람들은 1987년의 블랙 먼데이를 떠올렸다.

"이유가 없다고? 설마 그럴 리가. 분명한 이유가 있지 않은가. 코로나바이러스 위기가 아니겠는가? 코로나로 인한 폭락이겠지."

모든 사람이 입을 모아 이렇게 말했다.

틀림없이 코로나 위기는 일어났다. 그러나 주가 폭락과는 관계가 없다. 조금 더 자세히 말하자면 폭락에 불을 당긴 방아쇠, 즉 계기는 코로나 위기였지만 코로나 자체가 원인은 아니었다.

코로나와 주식시장 사이에 관계가 없다는 사실은 2020년 3월 20일 이후의 주식시장 추이를 보면 알 수 있다. 미국 정부와 의회가 2조 달러의 경제 대책 합의에 거의 다다른 순간부터 바로 주가가 반등하는 등 흐름이 바뀌었다. 그 후, 주가는 롤러코스터를 탄 듯 오르락내리락했지만, 상승 기조를 이어나갔다. 뉴욕에서 폭발적으로 확진자가 증가하고, 미국이 이탈리아와 중국을 제치고 전 세계에서 가장 많은 확진자를 냈을 때도 주가는 전혀 영향을 받지 않았고, 사망자가 급격히 늘어도 마찬가지였다. 따라서 코로나 위기는 폭락의 계기는 되었을지 몰라도 폭락의 원인은 아니며 주가를 움직인 요인도 아니다.

폭락의 진짜 이유는 무엇이었을까.

진짜 이유는 이미 주식시장이 버블 상태였기 때문이다. 버블은 터지면 쪼그라든다. 이것만이 진실이다. 오르면 내리고, 오를 때가 있으면 내릴 때도 있는 법이라고 하지만, 사실 이 표현은 틀렸다. 주가는 '오르기 때문에 내린다'. 올라버렸기 때문에 그 후에는 반드시 떨어진다. 떨어지는 것을 막으려면 버블을 더 크게 만드는 수밖에 없는데, 그렇게 한다 해도 버블은 영원하지 않으므로 폭락이 대폭락이 될 뿐이다.

다만 상승에서 하락으로 전환하는 타이밍은 알 수 없다. 주식을 산 사람들이 '이제 끝났다'고 생각했을 때가 끝이기 때문이다. 다시 말해 이미 끝났기 때문에 매수에서 매도로 돌아서는 것이고, 실제로 사람들이 팔기 시작할 때 시장은 붕괴한다. 따라서 사람들이 이제 끝이라고 공통으로 인식하는 계기가 필요하다. 계기는 내부 요인보다는 뚜렷한 외부 요인이 이해하기 쉽다. 이번에는 코로나 위기였다. 그러나 계기가 무엇이든 결과는 마찬가지다. 어떤 시점에 이르면 반드시 버블 붕괴가 일어난다.

리먼 사태 후에 왜 다시 버블이?

그렇다면 버블은 왜 생겼을까.

직접적인 이유는 금융완화, 그것도 세계적이고 비정상적인 규모의 금융완화에 있다. 전 세계에 돈이 흘러넘쳤고, 그 돈이 주식시장에 흘러들어 버블이 형성되었다.

대규모 완화는 일본은행이 2000년에 제로금리를 시작하고 2001년에 양적 완화를 '발명'한 이후 거듭 진화해 왔기 때문에 일본의 관계자들은 당연하게 받아들였다. 그런데 리먼 사태 후에 일본은행 자체의 진화를 넘어 전 세계를 감염시키게 되었다.

먼저 미국이 2008년 세계 금융위기의 긴급 대책으로 양적 완화를 시작했다. 미국 중앙은행 FEDFederal Reserve Board의 자체 표현으로는 대차대조표 정책Balance sheet policies이라고 한다. 미국은 중앙은행 자체의 대차대조표를 이용하여 위험자산을 사들이는 리스크를 감수하면서(리스크가 있는 자산을 산다는 것은 중앙은행으로서 전대미문의 일이다. 일본을 제외하고는 어디에도 존재하지 않았던 일이다) 금융완화를 시행했다. 미국 국채와 주택담보대출의 담보 증권을 중앙은행이 사들인 것이다.

유럽 중앙은행도 금융위기에 대처하기 위해 각국에서 거액의 국채를 사들였다. 금융위기로 인해 각국의 은행이 파탄에 이르러 각국 정부가 국채를 발행해 자본을 주입했는데, 각국의 재정 압박으로 인해 국채가 폭락하면서 은행 파탄, 국채 폭락, 그리고 이로 인한 추가적인 은행 파탄이라는 금융위기와 재정위기의 악순환이 일어났기 때문이다. EU는 붕괴 위기에 처했고, 유럽중앙은행은 IMF와 EBRD유럽부흥개발은행와 연계하여 대규모의 양적 완화를 단행하며 리스크가 있는 나라의 국채를 떠안았다.

이러한 정책으로 전 세계에 돈이 넘치게 되어 과잉유동성이라고 불리는 상황이 되었다. 서브프라임모기지론(이하 서브프라임론)의 남발로 시작된 버블 붕괴의 뒤처리를 미루기 위해 결과적으로 새로운 버블을 만들어낸 것이다.

서브프라임모기지 버블은, 자금이 남아 운용난에 빠진 기관투자가가 이율이 높은 투자처, 즉 리스크 있는 곳으로 몰린 결과, 리스크자산과 안전자산의 가격이 비슷해지는 리스크 테이크 버블로 인해 생겨났다. 이 리스크 테이크 버블이 붕괴한 것이 바로 리먼 사태다. 리먼 사태라는 버블 붕괴를 제대로 처리하지 않고 중앙은행이 힘으로 밀어붙여 리스크자산을 사들이는 미봉책을 썼기 때문에 양적 완화 버블이 일어나 전 세계 국채에 버블이 생겼다. 이것이 국채 버블이다.

그러나 이 국채 버블도 한계에 다다라 2년 후에는 그리스에서 재정 위기가 일어났다. 버블이 생긴 이유는 재정 리스크가 있는 나라의 국채와 재정이 건전하고 튼튼한 독일 같은 나라의 국채를 똑같이 취급하여 투자가들이 마구잡이로 사들이면서 이율 격차가 급격히 줄어들었기 때문이다. 이렇게 되자 원래 경제적으로 어려웠던 그리스 같은 나라에서는 국채 인수자가 늘어나서, 금융위기 후에 따르는 힘겨운 재정 건전화를 국민에게 강요하는 사태를 피할 수 있었다. 그러나 한편으로는 경제가 충분히 회복되지 않았으므로 곧바로 재정과 경제가 함께 위기에 봉착했다.

그리스에 이어 스페인이나 이탈리아가 위기에 빠질 차례라는 소문이 돌았다. 이렇게 유럽 위기가 일어나며 EU의 존재 의의가 다시금 화두에 올랐다. 결국 IMF, EBRD, ECB유럽중앙은행가 협력하여 위기에 빠진 국가의 재정과 은행을 지원함으로써 EU를 지켰다. 위기에 빠진 나라의 국채를 사들여 그 나라의 재정과 은행을 지탱한 것이다. 요컨대 양적 완화를 확대하여 버블 붕괴의 위기를 '언 발에 오줌 누기'식으로 또 벗어난 것이다. 하지만 이를 계기로 EU에서 탈퇴하려는 분위기가 고조되었고, 결국 영국이 EU를 탈퇴했다.

한편 미국은 실물경제를 회복하기 위해 주택담보대출 채권을 적극적으로 매입하여 가격 하락을 막고, 금융시장의 기능을 회복하여 금융기관을 구제한다는 두 가지 목적을 가지고 대규모 양적 완화를 단행했다. 하지만 부동산시장과 주식시장에 다시 버블이 생기는 결말에 이르렀다. 유럽도 위기에 빠졌지만 결국 실질적인 처리를 미루고 ECB가 리스크를 떠안는 형태로 위기를 모면하여 유럽의 부동산과 주식에도 버블이 형성되었다.

그 결과, 미국 주식시장은 2009년부터 10년 이상 주식 상승이 이어지면서, 장기에 걸친 주식 버블이 형성되었다. 부동산시장도 서브프라임모기지로 버블이 만들어졌는데, 버블이 붕괴하면서 정신을 차리기는커녕 도리어 더 큰 부동산 버블을 만들어냈다.

버블이 다시 생겨난 이유는 단순하다. 금리가 비정상적으로 낮았기 때문이다.

2007년 여름의 파리바 사태[1]로 위기가 시작되어 2008년 9월의 리먼 사태로 금융시장 파탄이 결정타를 맞은 세계 금융위기에 대해, 유럽과 미국뿐만 아니라 전 세계 중앙은행이 최대한의 금융완화를 단행했기 때문에 금리가 세계적으로 역사적인 최저 수준까지 내려갔다. 전 세계에서 양적 완화가 이루어지면서 바야흐로 돈이 남아돌게 되었다. 남아도는 돈이 갈 곳이라고는 리스크자산 시장뿐이었다. 2009년 후반부터 주식이 폭등하고 2010년부터 부동산이 급속히 회복한 이유는 과잉유동성 때문이었다. 리먼 사태 이후, 부동산과 주식에 버블이 낀 것은 필연이었다.

모든 시장에서 버블 발생

그러나 그야말로 데자뷔, 기시감이 있는 것이었다. 리먼 사태 이전의 부동산 버블, 그리고 모든 리스크자산이 버블이 된 리스크 테이크 버블과 똑같은 상황과 경위였던 것이다.

리먼 사태 이전에 부동산 버블이 일어난 것은 세계적으로 자산이 넘치면서 투자처를 찾아 자본이 떠돌았기 때문이다. 원유를 비롯하여 자원, 곡물과 같은 상품에 버블을 만들어냈고, 2011년 3월에는 우라

---

1 2007년 8월 9일, 프랑스의 BNP파리바가 서브프라임모기지 관련 증권시장의 혼란 속에서 산하 3개의 펀드 환매를 동결한 것이 계기가 되어 유동성 위기가 일어난 일.

늄에도 버블이 생겨났다. 골드만삭스의 원유 1배럴당 200달러 예상은 리먼 사태 직전인 2008년 5월의 일이었다. 자원과 식료품이 투기 대상이 되어 버블이 생긴 것은 중국의 수요가 모든 것을 바꾼다는 소문을 믿은 (혹은 믿는 척하는) 사람들 때문이기도 했지만, 버블을 부채질하는 사람들 때문이기도 했다. 주식, 부동산이 모두 올랐으므로 그 바깥에서 리스크를 감수할 수 있고 가격 상승 가능성이 있는 것을 찾아내어, 모두들 떼로 달려든 것이다.

리스크 감수가 유행하면서, 리스크자산의 가격이 올라 리스크자산에 투자하면 리스크 없이 자본이득capital gain을 얻을 수 있었다. 이를 좇아 자금이 리스크자산에 물밀듯이 몰려들어, 리스크 감수가 유행하는 이 현상을 나는 '리스크 테이크 버블'이라고 칭했다.

리먼 사태(세계 금융위기) 때 추상적인 존재였던 서브프라임론의 증권화 상품이 버블이 된 이유는 전 세계의 기관투자가가 이율이 낮은 국채를 대신할 수 있는 안정적이고 일정한 이율의 채권을 원했기 때문이다.

이 수요를 맞추기 위해 질 나쁜 주택담보대출 채권을 증권화한 금융상품을 만들어내서 무리하게 트리플 A를 매겨 가장 안전한 채권으로 팔아댔다. 이 채권에 매수세가 모여들면서 버블이 생기고, 채권 자체도 가격이 상승하여 버블이 생겼는데, 채권의 수요가 많아진 데다 채권을 조성하기 위한 주택담보대출의 수요도 높아져, 대출 자격이 없는 사람에게도 대출이 폭발적으로 늘어났다. 그 결과, 부동산 가격도 주택을 중심으로 세계적으로 버블이 생겼다.

이것이 서브프라임모기지 버블인데, 서브프라임론 채권의 증권화 상품뿐만 아니라 이율이 붙는 모든 금융상품에 버블이 생겼다. 이율을 좇아 전 세계의 자금이 떠돌았기 때문이다. 다시 말해 전 세계의 모든 금융시장이 버블이 되었다.

왜 자금이 남았을까. 당시 미국 FRB연방준비제도이사회 의장인 앨런 그린스펀이 금리를 적극적으로 인하했기 때문이다.

왜 금융완화를 해야 했을까. 2001년 9월 11일, 미국을 덮친 테러로 세계가 불황에 빠졌기 때문이다. 게다가 미국에서는 때마침 엔론 사태가 일어났다. 엔론은 전력 공급이라는 전통적인 산업에서 IT 기술과 옥션이라는 시장 매커니즘을 통해 새로운 방식으로 전력을 공급하는 기업으로, 새로운 스타일로 금융 기술을 구사하면서 급격히 이익을 확대해 나갔다.

하지만 이것은 모두 속임수로, 부정 회계 조작을 통한 겉보기식 이익이었고, 모두 허상이었음이 백일하에 드러났다. 엔론의 회계 감사를 맡은 미국 5대 회계법인 중 하나인 아서 앤더슨 역시 엔론의 부정에 가담한 사실이 밝혀졌고, 이로 인해 아서 앤더슨은 해체되었다.

지금까지 전 세계에서 가장 신뢰할 수 있다고 여겨온 미국의 기업 통치 시스템이 허상에 불과했고, 부정 회계가 퍼져 있다는 사실이 충격을 주었다. 미국 자본주의의 위기였다.

이에 대해 FED는 대량으로 자금을 공급했고, 그 결과 저금리가 장기간에 걸쳐 이어졌다. 지금은 저금리가 익숙하지만, 당시로서는 미국 역사상 최저 수준의 장기금리였다. 게다가 테러와의 전쟁을 내세우고,

경제를 살려야 한다면서 초저금리는 계속되었다

냉전 종료와 30년 버블

이것이 버블 순환의 시작이었을까.

아니다. 이보다 먼저 버블이 생겨나 있었다.

2001년에 초저금리를 만든 그린스펀은 1996년에 미국 의회 증언 대에 서서 주식에 대해 '비이성적 과열Irrational Exuberance'이라고 했다. 이 표현은 유명해져서 노벨상을 받은 행동경제학자인 로버트 실러의 책 제목에도 쓰였다.

이렇게 비정상적인 주가가 이른바 IT 버블을 만들어내어, 2000년 전후의 기술주에 관한 버블은 기술 벤처기업들의 주가를, 광기라고밖에 볼 수 없는 수준으로 올렸다. 이것은 닷컴 버블이라고도 불렸는데, 인터넷과 관계없고 사업 내용은 하나도 달라지지 않았는데도 기업 이름 끝에 닷컴만 붙이면 주가가 두 배, 세 배로 뛰는 현상을 비유하여 붙여진 이름이었다.

1990년대의 IT 버블은 어디서 온 것일까. 테크놀로지, 인터넷이라는 혁신적인 기술의 진보로 주가가 상승한 것이니 버블이 아니라 기술에 대한 과도한 낙관으로도 볼 수 있겠지만, 그건 아니다.

사실은 또 하나의 큰 흐름이 있었다.

그것은 냉전의 종료다. 실제로는 동쪽 진영의 자멸이었는데, 자본주의가 이겼다는 승리감에 도취해 붐이 일었다. 평화는 금전적인 형태로 배당되었다. 군사비는 축소되고 민간 수요가 생겨났다. 미국은 이라크 전쟁을 치렀지만, 냉전 시기와는 비할 바가 못 되었다. 가장 큰 변화는 동쪽 진영이 세계 시장경제에 밀려든 것이다. 옛 공산권 국가 사람들의 소비 수요가 높아지면서, 서쪽 진영의 상품이 잘 팔렸다. 유럽과 미국의 투자은행이 이행 경제라고 불리는, 사회주의경제에서 자본주의경제로 옮겨 가는 과정에 있는 나라를 제물로 IPO Initial Public Offering나 M&A 비즈니스로 큰 이익을 올리면서 동쪽 진영에 대한 투자 붐이 일었다. 예외는 서독이었는데, 동독과의 통일 비용 때문에 힘들긴 했지만, 비용을 웃도는 이익을 만들어낼 EU 탄생의 길이 열렸다. 유럽 전체에서 1999년의 EU 통합을 향해 큰 붐이 일어났기 때문이다.

즉, 장기에 걸친 장대한 버블 물결이 냉전 종료와 함께 명확하게 시작된 것이다. 냉전으로 멈춰 있던 세계경제가 움직이기 시작했다. 서쪽과 동쪽이 교류하고 시장은 배로 커졌다. 그것도 격차가 있는 두 개의 시장이었다. 옛 공산권은 시장경제 경험은 없지만 교육받은 사람들이 있었고, 시장경제에는 어울리지 않지만 잠재적인 기초 기술을 가진 사회였다. 이러한 사회가 새롭게 시장에 추가되었다. 이보다 좋은 사업 기회, 투자 기회는 없었다.

이러한 흐름 속에서 EU가 탄생하게 되었다. 냉전이 끝남으로써 다른 의미에서 국경이 바뀌면서 생긴 변화로, 냉전 종료에서 비롯된 일련의 움직임이었다. 당시에는 경제블록을 우려하는 목소리도 있었지만, 기우에 불과했다. EU 통합을 주시하며 미국에서 유럽으로 투자가

쇄도했다. 유럽의 은행이 미국 투자은행의 비즈니스 모델을 따랐고, 이는 금융 이외의 기업에도 퍼졌는데 유럽 경영자의 연봉이 미국 수준으로 오르면서 주가 지상주의가 삽시간에 퍼졌다.

러시아를 포함하는 구소련 연방, 동유럽 그리고 서유럽까지 유라시아 대륙이 하나가 되어 미국이 확립한 금융시장 자본주의권에 완전히 편입되었다.

여기서 유라시아의 대국 중국과 인도를 잊어서는 안 된다.

중국은 독재체제하에 사회주의를 유지하면서 경제 자유화를 한발 빠르게 시작했다. 그 과정에서 천안문사건이 일어났지만, 그럼에도 경제 자유화는 멈추지 않았다. 1990년대에 시작된 중국 시장경제는 21세기에는 세계에서 가장 중요한 경제권이 되었다. 중국은 그 과정에서 중간 소득층이 확대되면서 강력하고 지속적인 경제성장을 이루었는데, 일본의 고도성장과 경제구조적으로 유사하다. 이러한 고도성장 과정이 냉전 종료와 함께 장대한 상승효과를 가지고 세계경제 확대를 촉진했다.

인도도 사회주의에서 자유주의로, 시장경제주의로 이행했다. 중국에는 못 미치지만, 인구 규모가 커서 세계시장이 팽창하는 데 큰 영향력을 가지게 되었다. 그리고 중국, 인도뿐만 아니라 인구가 계속 증가한 저소득국 경제권이 세계 시장경제권에 더해지게 되었다. 당초에는 인구수만큼 규모가 확대되는 것일 뿐이라고 여겨졌으나, 중국에 이어 여러 나라에서 일정 숫자의 사람들이 소득을 늘려 중간 소득층에 더해졌다. 이러한 상황은 자본이 남아 있는 나라에 투자 기회가 되었다.

이렇듯 냉전이 끝남으로써 세계는 금융시장, 경제시장이 모두 일체화되었고, 이로 인한 투자, 소득 기회를 얻어 급속하게 확대되었다.

시장 자본주의는 유동화를 통한 수탈이다

경제의 확대 상황에서 금융버블이 생기는 것은 큰 파도의 버블이 보이는 특징이다. 금융시장만으로는 큰 물결이 일지 않는다. 금융시장의 확대를 지속적으로 떠받치는 실물경제의 수요 확대가 필요하다. 다만 이것은 경제가 진정한 의미에서 좋아지고 있음을 의미하지는 않는다. 시장경제가 아닌 사회경제가 시장경제에 편입됨으로써 시장경제의 관점에서 본 경제 규모가 커진 것뿐이다. 시장경제가 아닌 사회경제가 바람직한 부분도 있다. 일본이나 미국에도 시장화되지 않고 일반적인 GDP에는 포함되지 않는 경제활동이 존재한다. 시장경제의 규모확대에는 지금껏 시장화되지 않았던 부분이 시장경제에 포함되는 요인이 반드시 존재한다.

시장규모가 커지면, 커지는 것 자체로 인해 더욱 확대된다. 분업이 진전되므로 더욱 고도의 생산방법이 가능해지고, 자본축적을 통해 투자가 가능해지며, 생산수단을 생산할 수 있게 되기 (즉 기계를 만들 돈과 시간의 여유가 생기기) 때문이다. 규모의 확대가 추가적인 규모의 확대를 불러오는 것이다.

이때 중요한 것은, 새로운 시장은 기존 시장과 다르다는 점이다. 다르지 않으면 새로운 수요가 생겨나기 어렵고, 통합했을 때 새로운 상품이나 기술이 생겨나기 어렵다. 다름에서 오는 새로운 수요는 기술혁신, 혹은 이노베이션이 없더라도 일어나는 교환의 이익이다. 통합으로 인해 생겨나는 새로운 기술은 다른 조합을 통해 새로운 것이 생겨난다는, 조지프 알로이스 슘페터가 말하는 '새로운 결합'이다.

그러나 더 단순한 차이가 경제 확대에 가장 효과적이다. 바로 소득 수준의 차이, 소득격차다.

가난한 나라가 잘사는 나라의 시장에 더해지면, 가난한 나라는 값싼 노동력을 제공할 수 있고, 잘사는 나라는 그를 통해 만들어진 상품을 살 능력이 있으므로 생산에 맞는 수요가 생겨나 경제가 확대된다. 이때 자본을 제공하는 것은 잘사는 나라이므로, 잘사는 나라는 자본투자로 돈을 벌고 점점 부를 늘려 자본이 더욱 축적된다.

여기서 잘사는 나라는 선진국이라고 불리고 가난한 나라는 후진국이라고 불리는데, '후진'은 문명이나 문화가 뒤처졌다는 뜻도 아니고, 경제가 뒤처졌다는 뜻도 아니다. 단지 '시장경제'에 나중에 진입했다는 뜻일 뿐이다. 어차피 나중에 시장화가 진행되므로 시장경제 기준에서 후진국으로 이름 붙여진 것이다. 그러나 불명예스러운 이름보다 훨씬 나쁜 것은, 세계시장 전체에서 증가한 부의 대부분을 선진국이 얻게 되고 후진국은 배분 면에서 불리하다는 점이다.

후진국이 불리한 데는 두 가지 이유가 있다. 첫째, 무엇을 생산할지를 결정하는 것은 수요 측이므로 주도권이 선진국에 있다. 수요와 공급 면에서 볼 때도 수요가 먼저이므로 수요 측에 유리한 교역이 이루어진다. 그러나 더욱 중요한 두 번째 이유는 먼저 시장화된 쪽, 즉 선진국 움직임이 훨씬 빠르고 크다는 것이다.

시장화는 무엇인가. 시장 자본주의는 무엇인가. 자본 및 노동의 동원력이 빠르고 큰 구조를 기본으로 하는 것이다. 돈벌이가 되는 곳으로 재빠르게 자본이 이동하고, 그 자본이 노동을 조달하는 구조다.

시장화는 '유동화'다. 유동하는 것이 바로 시장이다. 따라서 자본, 노동 및 그 밖의 자원을 동원하는 속도, 힘, 규모 면에서 보면 선진국의 시장경제 쪽이 압도적이다. 그래서 유리한 장소(포지션)로 한발 빠르게 이동하여 시장에 있는 자원을 빠르게 동원할 수 있으므로 의사결정을 지배하는 쪽에 서서, 수동적일 수밖에 없는 후진국으로부터 이익을 빼앗는 것이다.

이는 어디까지나 교환이므로 후진국이 원하지 않으면 참가하지 않아도 된다. 그러나 햄버거나 탄산음료처럼 중독성이 강하다고나 할까, 자극이 강한 새롭고 매력적인 제품에 후진국 소비자가 달려들고 만다. 시장경제는 이미 시스템으로서 완성되어 있으므로, 나중에 진입할수록 선택지가 좁고 수동적인 상황에 놓이게 된다.

정리하자면 냉전이 끝남으로써 실물경제에서 세계경제가 확대되고, 이를 통해 큰 버블의 물결이 생겼다. 이것이 1990년에 시작되었다. 1990년대 일본은 버블 붕괴의 시대였지만, 세계적으로는 버블이 생겨난 10년이었다.

버블에 이은 버블

구소련, 동유럽의 이행 경제 버블이 1990년대 초반에 일어났고, 중반에는 동아시아의 기적이 버블이 되었다. 후반에는 미국에 버블이 생겨, 인터넷 혁명과 더불어 IT 버블을 이루었다.

그러나 이 버블들은 모두 붕괴한다.

작은 버블들이 산발적으로 생겨났다 터졌다. 구 사회주의 국가경제의 버블은 심하게 요동치며 사회를 혼란에 빠뜨렸다. 러시아는 붕괴위기에 처해져 러시아 위기, 브라질 위기로 이어졌다. 아시아 금융위기는 동아시아를 위기로 몰아넣었고, 그중 한국은 좋은 쪽으로든 나쁜쪽으로든 사회가 크게 변했다. 그리고 미국의 IT 버블은 너무 부풀어오른 나머지 붕괴했다.

하지만 더 큰 버블 붕괴는 2001년 9월에 일어난 급격한 물가상승과 미국을 덮친 테러에 의해 촉발되었다. 그리고 때마침 일어난 엔론 사태가 결정타를 날렸다. 이것이 10년 동안의 버블을 일단 붕괴시켰다.

애초 IT 버블에 가려 있었지만, IT 버블이 일어나기 전부터 '비이성적 과열'은 주식시장 전체를 에워싸고 있었고, 기술 분야 외에도 붐이 일어 있었다. 이것이 세계적인 냉전 종료로 인한 더 큰 버블의 물결이었다. 그리고 그 물결이 테러와 엔론에 의해 일단 붕괴되었다.

일단이라고? 그렇다. 일시적인 현상이었다.

미국 FED가 당시로는 전대미문의 금융완화에 나서 전 세계에 달러 자금이 넘쳐나게 했다. 미국 내의 투자 기회가 충분히 회복되지 않은 상태에서 넘쳐난 자금은 전 세계로 흘러갔다.

미국 국내에 투자 기회가 있을 리 만무했다. 테러로 인해 수요는 국내와 세계 모두 축소되었고, IT 버블이 붕괴한 후로 새로운 기업에 대한 투자가 활발해질 상황이 아니었다. 대기업 역시 엔론 사태로 불신감이 치솟아 주식시장, 대기업도 넘쳐나는 자금이 흘러 들어갈 곳은 아니었다.

넘치는 자금은 후진국으로 흘러갔다. 1990년대부터는 이들 국가를 더 이상 후진국이라고 부르지 않고 매력적인 투자처라는 의미로 '신흥국'이라고 불렀다. 자금이 흘러간 또 다른 곳은 IT 버블의 대척점에 있는 전통적인 분야였다. 자원, 상품작물, 그리고 부동산 다시 말해 주택이었다. 자원 버블, 신흥국 버블, 서브프라임모기지 버블이 생긴 것이다. 골드만삭스가 BRICS[2]라고 명명하며 신흥국 중 큰 나라에 투자를 권한 것도 이 시기다.

투자 대상의 특징은 주식이 아니라 새로운 금융상품이라는 점이었다. 원유는 이미 금융상품화되어 있었는데, 그 밖의 많은 광물성 천연자원도 금융상품이 되고 원유의 금융상품화도 더욱 가속화되었다. 곡물도 마찬가지다.

투자 대상의 또 다른 특징은 이율을 원했다는 것이다. 안전자산으로 조금이라도 높은 이자를 얻을 수 있는 곳에 자금이 몰려들었다. 국채

2　2000년대에 빠른 경제성장을 보인 브라질·러시아·인도·중국·남아프리카공화국을 통틀어 이르는 말. 2005년에 브라질·러시아·인도·중국 네 국가로 활동을 시작했으며 2011년에 남아프리카 공화국이 가입했다.

에 투자한 자금이 저금리로 만족하지 못하고 더 높은, 이전과 같은 수준의 이율을 원하게 되었기 때문이다. 높은 등급의 상품에만 투자해야 하는 기관투자가들을 위해 트리플 A의 다양한 금융상품이 새로 만들어졌는데, 그 전형적인 예가 서브프라임론 증권화 상품이었다.

앞에서 이야기했듯이 그 후 2007년 8월의 파리바 사태, 2008년 9월의 리먼 사태가 일어나며 세계적인 버블이 붕괴하고 세계 금융위기가 일어났다. 그러나 위기에서 빠져나오기 위해 2001년에 전대미문이라고 불린, 적극적인 금융완화를 훨씬 넘어선 세계적인 금융완화가 2007년에 시작되어 2008년 9월 이후 세계는 중앙은행에서 나온 돈으로 흘러넘쳤다. 여기에 신흥 세력인 중국의 대규모 재정 투입까지 더해져 21세기 최대의 버블 붕괴는 곧바로 다른 버블을 만들어냄으로써 수명이 연장되었다. 이것이 국채 버블로, 장기에 걸친 주식 버블이었다는 점은 앞에서 이야기한 바와 같다.

코로나 위기 버블

리먼 사태에 의한 버블 붕괴의 고통 처리에서 벗어나기 위한 세계적 대규모 금융완화. 세계는 금융완화로·인해 생긴 세계 금융버블의 붕괴에 대해 2009년 이후 1년 동안 추가적인 금융완화 조치를 취함으로써 버블의 최종적인 붕괴를 뒤로 미루었다.

그러나 실물경제의 양적·질적 확대를 수반하지 않았다. 일본의 고도성장, 좀 더 넓게 보자면 제2차 세계대전 이후 석유파동까지 세계적인 고성장, 혹은 1990년 이후 중국의 성장에서 볼 수 있듯이 양과 질을 모두 갖춘 확대는 수반되지 않은 것이다. 금융버블로 인한 자산시장이 주도하는 경제의 확대였으므로, 자산시장이 무너지면 경제도 무너질 것이 뻔했다.

필연적으로 붕괴할 금융버블이 붕괴 직전에 부활할 수 있었던 이유는 무엇일까.

모든 시장 참여자가 붕괴를 미루기 바랐고, 그것을 실행할 자원이 남아 있었기 때문이다.

투자가들 가운데 버블 붕괴의 아픔을 받아들이고 싶어 하는 사람은 없다. 그러므로 정부가 경제·사회를 지키기 위해 금융시스템을 구제한다는 프레임에 편승하여 자산시장의 연명을 꾀하는 것이 살아남기 위한 유일한 시나리오였다.

정부는 눈앞의 위기를 구제할 것인지, 다음 버블을 만들지도 모를 리스크를 감수할 것인지의 트레이드오프trade-off[3] 상황에 직면했지만, 국민의 선택을 받은 정치가들은 눈앞의 위기 구제를 택하지 않을 수 없었다. 버블 투자만 무너뜨리고 버블과 상관없는 국민을 구제할 수 있다면 그보다 좋은 방법은 없겠지만, 일체화되어 있는 경제 때문에 불가능했다. 따라서 리먼브라더스를 한 번 망하게 한 적이 있는 정부

---

3 두 개의 정책목표 가운데, 하나를 달성하려고 하면 다른 목표의 달성이 늦어지거나 희생되는 경우의 양자 간 관계.

는 모든 방법을 동원하여 중앙은행과 함께 온 힘을 다해 눈앞의 위기 구제를 택했다. 그를 위해서는 금융버블을 다시 한번 만드는 것 말고 는 단기적으로 확실하게 회복할 방법이 없었다. 버블 붕괴 위기 이후 는 항상 이런 식이다.

이 패턴은 전혀 새로울 것 없이 적어도 18세기부터 반복되기 시작 했다. 남해 버블[4]이나 미시시피 버블[5] 등, 역사상 버블 붕괴 구제 사례 는 셀 수 없을 정도다.

리먼 사태에서 회복하기 위해 만들어진 버블은 언제 붕괴해도 이상 하지 않았다. 그저 계기를 기다리고 있을 뿐이었다.

그리고 가장 예상하기 힘든 형태로 계기가 찾아왔다. 2020년, 코로 나바이러스가 전 세계를 덮쳐 버블 붕괴가 일어난 것이다. 하지만 코 로나는 버블 붕괴의 타이밍을 정하는 계기였을 뿐 버블 역사에서는 아무 의미도 가지지 않는다. 따라서 이 버블 붕괴는 코로나 위기가 아 니라 2020년 세계 이상 금융완화 버블의 붕괴라고 불러야 마땅하다.

다만 코로나는 회복 과정에는 결정적인 영향을 미칠 것이다.

코로나 위기로 인해 일어난 일은 리스크자산 시장 버블 붕괴로, 구 제할 필요가 없는 것이었다. 주가는 지나치게 높았으므로 낮아졌다고

---

4 남해회사 포말사건. 1720년. 영국에서 많은 투자자들을 파산시킨 투기 사건. 영국의 재정위기를 극 복하기 위해 설립된 남해회사가 스페인령 식민지와의 노예 무역권 사업에서 큰 이윤을 얻을 것이 라고 선전하면서 투기 열풍을 불러일으켰다. 그러나 부실한 사업 내용이 알려지면서 주가가 폭락 하고 영국 경제가 큰 혼란에 빠지게 되었다. 프랑스의 미시시피 버블, 네덜란드의 튤립 버블과 함 께 유럽의 3대 버블 경제로 꼽힌다.

5 18세기 초반, 프랑스의 미시시피 계획에서 비롯된 버블. 프랑스의 미시시피강 주변 개발 무역 계획 에서 회사 실적이 매우 나쁜데도 발행 가격의 40배까지 주가가 폭등했다.

해서 수정할 필요가 없었다. 물론 버블로 지나치게 높아졌으니, 붕괴하면 오버슈팅overshooting[6]으로 지나치게 낮아질 것이었다. 그러나 유동성이 있는 자산시장에서는 일상적인 일이며 정책적으로 개입할 필요는 없었다.

그렇지만 코로나로 인한 피해 구제는 필요했다. 사람들이 패닉에 빠졌으므로 이론은 제쳐두고 전력을 기울여 할 수 있는 모든 일을 하도록 사회가 정부에 요구했다. 그 결과, 금융 대책, 재정 대책 모두 최대한의 구제를 하고 말았다. 주식 버블 붕괴의 구제도 함께 하지 않을 수 없었던 이유는 주가의 폭락이, 너무 높았던 버블 부분이 무너져 내린 탓인지, 코로나 위기로 미래에 대해 지극히 비관적이 되어서 그런 것인지 객관적으로 판단할 수 없었기 때문이다. 설명에 책임을 지지 않아도 된다면 실질적인 판단은 내릴 수 있다. 투자가들은 알고 있다. 비교적 높았던 버블이 붕괴한 것이라고. 왜냐하면 버블이 붕괴하는 것은 투자가들이 너나없이 매도에 달려들 때뿐이고, 투자가들이 매도에 달려드는 이유는 버블이 붕괴하기 시작했기 때문이다. 다시 말해 버블 붕괴는 투자가의 자기실현 행동이다. 이는 투자가는 버블 붕괴의 순간을 알고 있다는 말이기도 하다. 투자가들은 너무 부풀어 오른 버블이 언제 터질지 몰라 벌벌 떨고 있었다. 그때 코로나라는 신호탄이 울렸다. 리먼브라더스를 구제하지 않겠다는 결정이 2008년 세계 금융버블 붕괴의 신호였던 것과 같다.

---

6 상품이나 금융자산의 시장가격이 일시적으로 폭등·폭락하는 현상.

그러나 정부나 중앙은행도 이것은 버블 붕괴에 지나지 않으므로, 버블에 무리 지어 있던 투자가나 부유층을 구제할 이유가 없다고 알고 있었지만 구제하지 않을 수는 없었다. 왜냐하면 리스크자산 시장이 붕괴하고 파산 리스크가 은행 시스템에까지 영향을 미치면 경제, 사회 전체의 붕괴로 이어질 것이기 때문이었다. 선악은 제쳐두고 자산 버블 붕괴는 반드시 구제해야 한다. 그것이 버블이 붕괴했을 때의 '상식'이다.

따라서 이번 버블 붕괴에 대해 전 세계의 중앙은행은 유동성을 있는 대로 공급했다. 전 세계에서 코로나 사망자가 많이 발생한 도시 중 하나가 세계의 금융 중심지인 뉴욕이었기 때문에 금융계는 패닉에 빠졌다. 이에 대해 FED는 전대미문의 대규모 금융완화에 나서, 리스크가 있는 회사채를 대량으로 사들이기로 했다. 이것만 해도 전대미문의 일인데, 더 나아가 FED 스스로 리스크를 부담하며 융자를 보증하는 제도까지 도입했다. FED의 대차대조표는 리먼 사태 후의 양적 완화로 급격히 확대된 후, 출구전략을 통해 축소하기 시작한 상황이었는데 단숨에 반전하여 급증했다. 확대 기조는 차원이 다른 일본은행의 완화를 크게 웃돌며 그야말로 듣도 보도 못한 세계 최고와 사상 최대가 되었다.

유럽도 코로나 감염으로 인한 사망자가 집중된 지역이 있어 ECB, 잉글랜드은행이 최대한 완화했다. 일본은 미국, 유럽에 비하면 코로나 사망자가 새 발의 피였지만, 그런데도 정부와 도도부현 지사가 언론, SNS에 등 떠밀려 대규모 휴업 요청을 하게 되면서 경제활동이 급격히 축소했다. 이에 대응하기 위해 일본은행도 완화를 확대하는 자세를

취할 수밖에 없었는데, 이미 국채 매입은 한도를 넘어섰으므로 ETF상
장지수펀드의 매입액을 배로 늘리며 주식 버블을 직접 만들었다.

버블 붕괴에서 온 금융시스템 파탄을 막기 위해 각국의 중앙은행은
대규모 금융완화로 그야말로 다시 버블을 만들었다. 이를 통해 전 세
계 주가는 크게 상승하여 코로나 위기 이전의 수준을 단숨에 회복했
고, 미국 다우지수나 나스닥지수는 사상 최고치를 경신했다.

실물경제 버블에서 시작된 재정파탄

코로나 위기에 대응하는 버블 생성 대책은 금융정책에 그치지 않았
다. 코로나 위기가 사회경제에 미치는 영향이 직접적으로 국민 생활에
도 다가간다는 데서 재정 투입의 필요성이 생겨났기 때문이다. 게다가
재정 투입은 금융 이상으로 전대미문, 인류사상 최대였다. 그리고 유럽
과 미국을 중심으로 한 세계 주요 선진국에서 이루어졌으므로, 국민 1
인당 생산 보조를 위한 지출이 커지면서 총액이 크게 늘어났다. 그 결
과, 대규모 금융완화로 인해 자금이 리스크자산 시장에 넘쳐날 뿐만
아니라 재정 대책으로 인한 수요(그리고 현금)가 실물경제에 넘쳐나게
되었다. 자산시장이 버블이 됨과 동시에 실물경제도 버블이 된 것이다.

실물경제는 자산시장과는 독립적으로 버블을 이루었지만, 두 버블
은 동시에 생겨났다. 이것이 코로나 위기 버블의 가장 큰 특징이다. 금
융시장이 버블이 되고 이것이 실물경제에 영향을 미치는 것이 일반적

인 단기 버블로, 지금까지의 21세기형 버블은 모두 이런 형태였다.

버블 붕괴를 구제하면서 생기는 버블(버블 애프터 버블)은 대부분의 경우, 금융시장에서만 일어난다. 단기 버블과 버블 붕괴가 금융시장에서 일어나기 때문이다. 그리고 이것이 나중에 실물경제에 영향을 미치게 된다.

그러나 앞에서 이야기했듯이 코로나 위기 구제 버블은 실물경제에서도 동시에 독립적으로 일어났다. 왜냐하면 재정 투입 규모가 전대미문, 인류사상 최대였기 때문이다.

코로나 감염 확대 방지책으로 개인의 외출을 금지하고 많은 사업자에게 휴업을 강제함으로써 갑자기 수요가 증발했다. 수요가 급감한 정도로 보면 분명 전대미문인 일이었기에 비명을 지르는 기업과 개인사업자를 구제하기 위해서는 재정 투입으로 현금을 뿌릴 필요가 있었다.

왜 이것이 버블을 만든 걸까.

수요가 급감한 속도는 전대미문이었지만 수요 쇼크는 일시적인 현상으로, 전체적으로 보면 과거의 여러 불황에 비해 수요 감소량이 적었기 때문이다.

코로나 위기는 코로나가 진정되면 함께 진정될 것이고, 그러면 자연스레 수요가 생겨날 것이다. 오히려 그동안 소비와 투자를 억제한 반동으로 일시적으로 급증할 것이다. 그런데 인류사상 최대의 재정 투입이 이루어졌다. 실물경제에서도 돈이 흘러넘치게 된 것이다.

코로나 위기 상황에서 수요가 소실된 이유는 소득이 줄어서가 아니라 감염 확대 방지를 위해 경제활동이 제한되었기 때문이다. 소득이 줄지도 않았는데, 돈을 뿌려댄 것이다. 그래서 돈이 넘쳐나게 되었다.

일본에서는 휴업 등으로 실직한 사람, 소득이 없어진 사람뿐만 아니라 국민 모두에게 10만 엔(약 104만 원)을 뿌렸다. 게다가 심사도 제대로 하지 않고 매출이 줄어든 기업, 개인 사업주에게도 돈을 뿌려댔다. 정말 어려운 곳에도, 휴면 상태에 가깝거나 혹은 활발하지 않았던 사업자에게도 뿌렸다. 나아가 휴업이 거리 두기 권고 차원이었으므로 이를 강제하기 위해 휴업 협력금을 뿌렸다.

그래서 돈이 넘쳐나게 된 것이다. 소득이 줄지 않은 직장인에게도, 연금이 줄어들지 않은 고령자에게도 현금이 나누어졌다.

그들의 소비는 분명 감소했다. 그러나 소득이 줄어서가 아니라 경제활동이 제한되어서다. 거리 두기와 코로나의 공포감으로 활동이 멈춘 고령자 때문이다. 그런 사람들에게 돈을 주었다. 경제 효과가 있을 리만무하다. 소비가 생겨날 리 없으니까.

물리적으로 소비할 수 없는 것이지 돈이 없어서 소비하지 않는 것이 아니다. 소비하고 싶어도 하지 않는다. 불안은 아직 사라지지 않았다. 불안할 때는 일단 저금을 한다. 아무리 돈을 뿌려대도 수요 창출 효과는 없다. 그러니 추가적인 경기 대책을 내놓아야 한다는 이야기가 나온다. 쓸모없는 현금 뿌리기가 계속되고 있다.

남은 돈은 어디로 갈까. 은행이나 자산시장이다. 콕 집어 말하자면 주식이다. 개인의 주식투자가 늘었다. 일본뿐만 아니라 미국에서도 상당히 유명해진 현상이다. 그리고 정크 주식을 복권처럼 사들이는, 경험 부족한 개인투자가가 별안간 급증했다. 미국에서 가장 유명한 사례는 2020

년 5월, 미국 연방파산법 11조(이른바 챕터 11)를 신청한 렌트카 대기업 허츠 건이다. 허츠는 파산한 상태에서 개인투자가의 투기 의욕이 왕성하다는 점을 이용해서 증자를 시도했다. 그리고 어쩌면 실현할 뻔했다. SEC증권거래위원회가 제동을 걸지 않았다면. 휴지장이 될 확률이 99% 이상인 주식에 투자가 쇄도했다. 합리적으로는 있을 수 없는 투기 버블 현상이었다. 일본에서도 인터넷 증권사의 계좌 개설이 급증했다.

그러나 자산시장은 어떨지 몰라도 실물경제는 버블이 생긴 것으로 보이지는 않는다고 하는 사람이 많을 것이다. 주가는 확실히 올랐지만, 실물경제는 버블은커녕 불황이라고 보는 견해가 일반적이다.

그건 그렇지만, 그렇기에 바로 버블이다.

생산 활동은 평소처럼 이루어지고 있다. 줄어든 것은 개인 소비다. 불안, 공포감으로 소비가 감소했지만, 다시 생각해 보면 지금까지 불필요한 소비를 해온 탓도 있다. 그러한 소비가 사라진 면도 있다. 불요불급한 물건의 소비를 자제하자, 사람들은 그런 물건들이 불필요하다는 것을 깨달았다. 이러한 물건들의 소비는 앞으로도 계속 감소할 것이다. 따라서 소비 활동도 감소할 것이다.

또한 코로나 위기 전의 버블에서 버블 성격의 소비가 있었다. 이것은 물론 지금은 사라졌다. 버블로 인해 실제 이상으로 부풀어 올라 있던 GDP가 그만큼 꺼진 것일 뿐인데, 숫자를 보면 마이너스성장이다.

이 두 가지 영향으로 코로나 위기에서 회복되어도 소비를 중심으로 한 수요는 이전보다 낮아지게 될 것이다.

지속 가능한 GDP나 소비수준이 낮아지는 것에 관심을 기울이지 않고, 성장 궤도로 돌려놓아야 한다고 주장하면서 달성 불가능한 높은 수준의 GDP, 소비수준을 목표로 재정 투입을 하고 있다. 더 나쁜 것은 현금 뿌리기로 인한 소비 증가 효과는 현저히 떨어지므로 아무리 재정 투입을 해도 나아지지 않을 거라는 점이다.

물론 국민은 자신이 그 대상자인 이상 돈을 뿌리는 데에 반대하지 않는다. 그러므로 정치가는 전 국민에게 지급한다. 그러나 국민은 불안하다. 불안할 때는 저금한다. 조금 더 생각이 있는 사람은 이 현금으로 인해 미래에 재정이 위기에 처하게 되지 않을까 불안해져서 열심히 저금한다. 그래서 돈을 뿌리면 뿌릴수록 저축 성향은 높아진다. 기대한 소비 자극 효과를 얻지 못하니 정치가들은 돈을 더 뿌려서 소비를 자극하려고 한다.

악순환이다.

그 결과는 어떻게 될까.

물론 재정파탄이다.

바로 눈앞까지 와 있다.

의외로 관료뿐만 아니라 총리, 지방자치단체의 지사도 이 사실을 알아차린 듯하다. 그래서 2020년 6월 말부터 7월에 도쿄를 중심으로 확진자가 급증했는데도 긴급사태 선언[7]은커녕, (정확한 의미를 아무도 모르는) '도쿄 경보'라는 것조차 발동하려고 하지 않았다. 경보를 발동하면 휴업 협력금 등을 주어야 하므로(그러한 압력이 있으므로) 하지 않은 것이다.

---

7 한국의 사회적 거리 두기 조치.

돈은 이미 떨어졌고, 더 내어주면 재정파탄으로 이어질 것이니까. 정치가들도 그제야 겨우 깨달은 것이다.

정치가들이 깨달았다는 것은 무엇을 의미할까.

그렇다. 버블의 최종 파탄이 실현될 가능성이 나타났다는 것이다.

버블은 그것을 부풀린 사람들이 붕괴하지 않을까 불안에 떨다가 실제적인 대책을 취함으로써, 즉 팔고 도망치려고 할 때 붕괴가 실현된다.

이 현상이 성큼 다가온 것이다.

재정파탄이라는 형태로.

제2장

코로나 위기는
사상 최대급 위기인가

'급변하는 사회'는 있을 수 없다

애프터 코로나는 없다

코로나바이러스 위기 후 시장, 경제, 사회는 어떻게 될까. 코로나바이러스의 유행이 진정된 후에는, 우리에게 어떤 변화가 일어날까.

세계의 지성이라 불리는 많은 사람이 비포 코로나BC, 애프터 코로나AC라는 표현을 써가며 많은 이야기를 쏟아내고 있다. 세계는 자유사회를 유지하게 될지, 관리사회로 회귀하게 될지의 갈림길에 있다는 것이 전형적인 반응이다.

중국, 한국 등 아시아 국가들은 정부가 강력한 공권력을 발동하여 사람들 행동에 제한을 두거나, 스마트폰 애플리케이션 등을 활용하여 프라이버시를 거의 무시한다고 할 수 있을 정도로 역학조사를 하고, 그것을 코로나 감염 방지의 데이터로 최대한 활용한 결과, 감염 확대를 방지하는 데 성공했다.

한편 미국과 유럽 사회는 프라이버시를 침해하지 않겠다는 방침을 세워 프라이버시는 아시아보다 많이 지켜졌지만 훨씬 많은 사람이 목숨을 잃었다. 따라서 사람들과 사회는 애프터 코로나에서는 프라이버시가 지켜지는 자유 사회와 정부의 관리를 받아들이는 관리사회 중 하나를 선택해야 한다고 한다.

가치가 없다.

세계의 지성이라 불리는 사람들이 자신이 하고 싶은 말에 현실의 현상을 끼워 맞추어 돈을 버는 데 혈안이 되어 자신이 보고 싶은 현상만 보고 있다.

현실은 어떻게 될까. 세상은 아무것도 변하지 않을 것이다.

코로나는 자유 사회, 관리사회와 관련이 없다. 그냥 감염병일 뿐이다. 비포 코로나, 애프터 코로나라는 구분 자체가 의미 없는 일이다. 코로나로는 그 무엇도 바뀌지 않는다.

정부나 GAFAGoogle, Apple, Facebook, Amazon 중에 어느 쪽이 더 무서운지, 어느 쪽이 더 세상에 도움이 되는지 단지 그 차이일 뿐, 관리사회는 이미 진행되고 있었다. 코로나 위기와 무관하게 훨씬 전부터 진행되고 있었다.

개인적인 결론을 먼저 밝혀두자면, 좋은 정부도 있는가 하면 나쁜 정부도 있다. 정부가 좋은 일을 하기도 하지만 나쁜 일을 하기도 한다. 단지 그뿐이다. 좋은 정부를 선택해 정부가 좋은 일을 하게 해야 한다. 데이터도 마찬가지다. 정부가 좋은 일에 말고는 쓸 수 없도록 한다. 그렇지 않으면 반대한다. 그거면 된다.

GAFA도 마찬가지다. 사회, 경제 전체에 마이너스가 되는 행동을 한다면 독점금지법 및 기타 법 제도를 통해서 규제하면 그만이다.

이에 대해서는 나중에 다시 논하기로 한다.

대공황이 아니라 마지막 버블이 다가온다

코로나 위기로 사회도 변하지 않지만, 경제도 변하지 않을 것이다.

"경제는 대불황, 아니 대공황에 빠질 것이다. 리먼 사태를 훨씬 뛰어넘는 위기다. 아니, 그 정도로 그치지 않고 1930년대의 대공황보다 심할 것이다. 전대미문의 수준일 것이다."

이런 목소리가 높지만 틀렸다.

코로나 위기로 인해 경제는 일시적으로 불황에 빠질 뿐이다. 일시적으로는 사상 최강의 위기이겠지만, 전체적으로는 그리 크지 않으므로 곧바로 회복할 것이다. 물론 어느 정도로 회복될 것인지에 대해서는 의견이 분분하다. 그러나 회복 속도, 회복되었을 때의 경제 수준을 따지는 정도의 위기, 불황일 것이다. 그냥 보통 불황 말이다.

사람들은 정작 코로나 위기 후에 올 중요한 것에 대해서는 알아차리지 못하고 있다.

그것은 무엇일까.

버블이다. 코로나 위기 버블이 일어날 것이다.

지금부터 버블이 일어난다. 그리고 그것은 아마도 마지막 버블이 될 것이다. 앞에서 이야기했듯이 버블에는 단기 순환, 중기 순환, 장기 순환이 있는데, 마지막 버블이란 중기 순환을 끝낼 버블을 말한다.

예를 들어 단기 순환 버블로는 리먼 사태 후의 버블이 있다. 전 세계 중앙은행의 대규모 금융완화로 인한 버블이었으니 금융완화 버블, 혹은 중앙은행 버블이라고 하자. 그런 단기 버블이 일어났다. 왜 일어났을까.

리먼 사태로 촉발된 세계 금융위기로부터 세계 금융시장과 세계경제를 구출하기 위해서였다. 중앙은행이 유동성 버블을 만들어 일단 빠져나온 것이다. 리먼 사태는 왜 일어났을까. 2003년 이후, 세계적인 금융버블이 생겨났기 때문이다.

버블이 부풀어 오르면 붕괴하게 되어 있다. 이것이 반복된다.

중앙은행 버블도 마찬가지다. 이 유동성 버블은 2009년에는 이미 붕괴 직전으로, 언제 무너져도 이상하지 않을 정도였다. 그리고 실제로 그런 기미가 몇 번이나 있었다. 하지만 좀처럼 결정적인 계기가 찾아오지 않고 주가의 상승이 10년이나 이어져 오다가, 코로나 위기로 붕괴한 것이다. 제1장에서도 언급한 내용이지만, 이것이 단기 버블이다.

그리고 다시 버블이 일어난다. 이번에는 코로나 위기에 대한 경제 대책이라고 하는 대규모 재정 투입으로 인한 버블이다.

코로나 버블이라고 불러도 되고, 세계 재정 투입 버블이라고 불러도 된다. 이것이 다음에 올 버블이다.

그리고 이 단기 순환을 마지막으로, 단기 순환을 반복해 온 중기 순환이 막을 내린다. 이 중기 순환은 석유파동 후 시작된 것으로, 냉전 종료로 버블 확대 국면을 맞았으며, 이것이 상당 기간에 걸쳐 계속되면서 대규모로 부풀어 오른 중기 순환이 되었다. 이것이 코로나 위기로 인한 세계 재정 투입 버블로 끝을 맺는 것이다.

끝난다는 것은 무슨 의미일까.

지금까지 단기 순환이 끝날 때마다 다음 버블을 만듦으로써 본질적인 버블 붕괴의 처리를 미루어왔다. 리먼 사태로 세계 금융버블이 끝났지만 본질적인 처리는 하지 않고 대규모 금융완화로 현실 문제에 눈감으며 나중 일로 미루었다. 그 결과 국채 버블이 일어나 저금리 저성장 기조 속에서 주식, 부동산 모두 장기간에 걸쳐 상승을 거듭했다.

그 이상으로 버블이 된 것이 정크본드junk bond[1] 시장으로, 규모가 대폭 확대되었다. 스타트업 및 유니콘[2]이라 불리는 상장 전의 신흥 기업 시장에 대한 가치 평가가 비정상적인 수준이 되었다. 벤처 캐피털 시장 버블이 된 것이다.

이러한 버블이 코로나 위기로 붕괴했다. 10년간의 단기 순환이 끝난 것이다.

그리고 지금부터 애프터 코로나 버블이 시작될 것이다.

앞으로 경제라는 이름 아래 대규모로 혼란한, 논의와 이치가 빠진 지조 없는 세계 대규모 재정 투입이 이루어질 것이다. 아니, 이미 시작되었다. 그리고 재정파탄이 일어날 것이다.

그 결과 버블 붕괴에서 구해내기 위한 새로운 버블을 만들어낼 수단이 한계에 다다라 1990년 냉전 종료에서 시작된 중기 순환이 막을 내리게 될 것이다.

---

1 신용 등급이 낮은 기업이 발행하는 고위험 고수익 채권.
2 기업 가치가 10억 달러 이상인 신생 기업. 상장하기도 전에 기업 가치가 10억 달러에 달하는 것은 유니콘처럼 상상 속에서나 있을 수 있다고 하여 이렇게 부른다.

'평범한' 불황에 그친다

코로나 위기 이후, 실물경제는 어떻게 될까.

리먼 사태는 물론, 1929년의 대공황을 뛰어넘는 인류사상 최대의 공황이 오고 있다고 하는 사람도 있다. 아니, 대부분이 그렇게 말하고 있고 사람들은 이러한 이야기에 코로나 이상으로 공포를 느낀다.

거짓말이다.

그러나 제대로 된 이코노미스트, 학자, IMF 등의 국제기관까지 모두 적어도 리먼 사태는 뛰어넘을 위기라고 한다. 왜 양식과 견식이 있는 사람들이 이런 거짓말을 할까.

엄밀히 말하면 거짓말도 아니기 때문이다.

"그래서 거짓말이라는 거냐, 아니라는 거냐." 하는 원성이 들려오는 듯하지만, 어떤 의미에서는 둘 다 맞는 말이다. 사상 최대의 위기라고 하지 못할 것도 없지만, 전체적으로는 리먼 사태보다는 작은 위기다.

2020년 4월 24일, 미국 CBO의회예산국는 미국의 2/4분기 GDP가 연율 환산으로 전년 대비 40% 가까이 감소할 것이라는 예측을 내놓았다. 4분기 기준으로는 제2차 세계대전 후 최대의 마이너스로, 실업률도 14%에 이를 것으로 내다봤다. 한편 재정적자는 연 3.7조 달러에 이를 것으로 보았는데, 이것 역시 전후 최악의 수준이었다. 게다가 1/4분기 실질경제성장률 예측은 3.5% 감소였으나, 미국 상무부가 4월 29일에 발표한 수치는 전년 대비 4.8% 감소로 CBO의 수치를 웃도는 감소세를 보였다. 그러므로 2/4분기 GDP도 더 나빠질 가능성이 있었다.

이 사실만 보면 확실히 사상 최대의 위기임이 틀림없다.

그러나 CBO는 그다음 기간의 예측도 내놓았는데, 3/4분기는 23.5%의 대폭적인 플러스 성장을 보일 것으로 내다봤다. 나아가 2020년 1년 성장률은 −5%대로 가라앉지만, 2021년은 2.8% 성장할 것으로 예상했다. V 자 회복을 예측한 것이다. 대공황 때에는 선진국 GDP가 1929년에서 1932년 사이 16%나 감소했다. 그러나 이번에는 심각한 경기 쇼크이긴 하지만, 단기에 회복될 조짐이다. 그리고 이것은 CBO뿐만 아니라 미국 투자은행인 골드만삭스, JP모건, 모건스탠리의 예측도 일치해, 거의 상식이 되고 있다.

따라서 전체적으로 보면 대공황은커녕 리먼 사태에도 이르지 못하는 '평범한' 경제 침체라 할 수 있다.

스톡 쇼크가 아닌 플로 쇼크

이는 이치를 따져보아도 명백하다.

첫째, 스톡[3] 쇼크가 아니라 플로[4] 쇼크에 그쳤다. 둘째, 금융 부문이 직접 타격을 받지 않았다. 이런 점에서 코로나만 수습되면 경제는 구조적으로 곧바로 원래 상태로 돌아올 가능성이 크다.

---

3 특정 시점을 기준으로 파악한 경제조직 중에 존재하는 재화 총액.

4 일정 기간 동안 산출한 경제활동 수량. 국민소득, 국민총생산, 판매액, 임금 따위를 이른다.

리먼 사태 당시 무슨 일이 일어났는가. 많은 금융기관, 투자가의 자산이 휴지장이 되었다. 서브프라임론이라는 질 나쁜 대출 채권에 트리플 A라는 자산 가격이 매겨져 버블에 투자했다. 버블로 자산을 잃었기 때문에 투자가들이 입은 손해는 되돌릴 수 없었다. 엄청난 금융자산을 잃은 것이다.

훗날 휴지장이 될 금융자산이 가치가 있다고 보고 실물경제에서도 소비, 투자가 이루어졌다. 그래서 수요 과잉 상태가 되어, 실물경제 경기도 과열되고 말았다. 과열되었을 때 소비하고 투자한 것은 돌아오지 않고, 빚만 남는다. 버블적인 수요에 투자한 자산, 설비, 비즈니스 모델은 남아 있지만, 이것들은 모두 가치가 없다. 그러므로 회복하기 위해서는 자산, 비즈니스 모델 모두 0에서 다시 세워야 하기 때문에 시간도 걸리고 전체적 손실도 엄청나다.

금융 스톡, 비즈니스 스톡을 잃은 것이다.

나아가 금융위기에서는 은행 자본이 심각하게 훼손되고, 금융시스템이 기능저하, 기능부전에 빠졌다. 그 결과, 버블이나 당초 위기와 직접 관련이 없었던 곳까지 버블 붕괴의 영향을 받았다.

예를 들어 리먼 사태로 미국 경제가 파괴적인 타격을 받으면서 일본 도요타자동차의 고급차 브랜드인 렉서스가 그야말로 한 대도 팔리지 않게 되었을 때, 일본의 자동차 관련 기업이 타격을 입었다. 전혀 관련이 없을 것으로 보이는 일본의 선술집 체인점을 보자. 자동차 관련 기업에 많은 대출을 해준 신용금고가, 도요타자동차 관련 기업이 있는 아이치현에 있다면 더 이상 신규 대출을 해줄 수 없게 되고, 어쩌면 대출받은 모든 기업에 상환 독촉을 할 수도 있다. 1년짜리 대출로 롤오버rollover[5], 즉 그동안 계속 연장해 왔는데 갑자기 연장이 불가능하다며 1년 만기로 갚으라는 통보를 받으면, 아이치현에 있는 선술집 체인점도 자금조달에 어려움을 겪어 도산하게 될지 모른다.

1990년대 일본 부동산 버블 붕괴 후가 바로 이런 상황이었고, 게다가 지극히 심했다. 부동산 버블과 아무 관련 없는 성실한 소규모 공장이 잇따라 폐업으로 내몰린 것이다.

한편, 앞에서 이야기했듯이 이번 코로나 위기에서는 일단 금융기관이 직접적으로 피해를 보지는 않았다. 피해를 본다면 지금부터일 것이다. 공적 금융기관, 민간 금융기관 모두 중소기업 지원 대출에 전력을 기울이고 있다. 정부가 리스크를 대부분 떠안기 때문에 민간 금융기관은 피해를 보지 않았다. 다만 조금 큰 기업, 민간 금융기관은 스스로 리스크를 부담하고 지원하는데, 이곳들이 차례차례 한계에 이르러 파산하면 코로나 위기는 금융위기에 가까워질 것이다.

게다가 큰 기업, 백화점이나 의류 분야가 파산하면 금융위기의 고비를 맞게 되고, 나아가 항공 관련 기업 등이 파산하면 일본 전체가 금융위기에 빠지게 된다. 이렇게 되면 리먼 사태를 넘어서는 위기가 될 것이다.

즉, 전체적으로 볼 때 금융 부문이 직접 타격을 받지 않았다는 점에서 코로나 위기로 인한 경제위기는 리먼 사태보다 임팩트가 작을 것

---

5 금융기관이 상환 만기에 다다른 채무의 상환을 연장해 주는 조치.

이라고 예상할 수 있다.

공급 쇼크는 존재하지 않는다

스톡 쇼크로는 2011년에 발생한 동일본대지진을 들 수 있다. 지진으로 물리적 인프라가 파괴되어 교통수단 등의 공공 자본과 농지, 항만 등의 산업자본, 주택 등의 생활 자본 등 모든 면의 인프라와 자본을 장기간에 걸쳐 이용할 수 없게 된 상황이었다.

이러한 문제가 발생하면 회복하는 데 자금, 시간, 에너지가 들기 때문에 절망에 빠진다.

한편 코로나 위기는 일단 수습되기만 하면 물리적, 비즈니스적으로 모든 인프라를 곧바로 사용할 수 있다.

코로나 위기로 잃은 스톡은 도산이나 실업으로 인한 비즈니스 모델, 소프트웨어 측면에서의 인적 자본, 그리고 사람들의 정신적 문제다. 따라서 경제 대책으로 이러한 상실을 최소화해야 한다. 이것은 가능한 일이며, 실제로 최소한으로 막을 수 있을 것이다. 한편 물리적 스톡, 금융적 스톡의 직접적 피해는 전혀 없으므로 복구는 금세 이루어질 것이다.

코로나 위기로 인한 경제적 위기가 특별하다고 주장하는 사람들의 또 다른 논점은, 수요와 공급이 동시에 사라졌다는 점에서 전대미문이며, 그 결과 우리가 본 적 없는 위기가 되고 있다는 것이다.

코로나 위기 당시 중국 우한만의 문제라고 여겼을 때, IT 기기와 자동차 관련 부품 공장의 밀집지 우한으로부터의 공급이 중단되면서 한 바탕 떠들썩했다. 이것이 이코노미스트들에게 공급 쇼크라는 인상을 심어주었다. 그러나 이 문제는 곧바로 해소되었다.

생산은 세계적으로 분산되어 있으므로, 우한에 진출한 글로벌 기업들은 어떠한 형태로든 대응할 수 있었다. 중국으로부터의 공급이 중단되는 바람에 곤란에 빠진 기업과 공급망이 끊겨 전혀 가동하지 못한 생산 라인도 있긴 했지만, 거시적으로 보면 그것들은 부분적이었고 전대미문의 거시 쇼크와는 관계가 없었다.

중국이 철저하게 우한을 봉쇄하고 생산도 멈춰서 중국의 생산지수가 급락하고 GDP도 중국 사상 첫 급감에 빠진 것이 거시 쇼크로 일어난 일이다. 그러나 이것도 단기간에 그치고, 세계적인 문제로 이어지지 않았다. 그리고 지금 중국은 코로나 위기를 극복하여 생산, 소비를 회복하고 있다. 실제로 전 세계에서 코로나 영향을 받는 곳은 중국을 제외한 지역이라고 말해도 과언이 아닐 정도다.

중국의 공급 쇼크가 문제를 일으키지 않은 까닭은 단순하다. 수요 쇼크가 유럽과 미국을 덮쳤기 때문이다. 초기에는 유럽 자동차 공장의 생산이 어렵다는 소리도 들렸지만, 유럽에서 사망자가 증가하다가 뉴욕으로 옮겨 가자 유럽과 미국의 자동차 공장이 폐쇄되면서, 공급 쇼크는 사람들 머릿속에서 희미해졌다.

자세한 설명이 필요 없다. 그냥 수요가 순간적으로 증발한 것이다. 순간적으로 일어난 일이므로 돌아올 때도 곧바로 돌아올 것이다. 한편 대기업을 중심으로 착실히 생산 체제 재개를 위한 대책이 세워지고 있으므로, 일단 수요가 회복되면 아무것도 걱정할 일이 없다. 어디까지나 수요가 전부다.

그래도 공급 문제가 거시 경제에 심각한 타격을 입히고 있고, 앞으로도 영향을 줄 것이라고 주장하는 사람들이 있다. 수요가 분명히 있는, 아니 수요가 쇄도하여 사람들이 패닉에 빠졌던 마스크를 예로 들어보자. 그들은 "생산 제약으로 인해 마스크가 공급부족에 빠졌으니 틀림없이 공급부족이 문제다. 이것이 바로 공급 쇼크가 아니겠는가." 라고 주장한다.

의료 현장은 공급 제약으로 어려운 상황에 직면했다. 방호복 등 코로나 대응에 직접적으로 필요한, 그것도 환자와 의료진의 생명에 직접 관련된 가장 중요한 물품이 부족했다. 그리고 공급 제약은 곧바로 해소되지 않았다. 그러므로 명백한 공급 쇼크라고 한다.

사실관계로 보면 맞는 말이다. 그러나 공급 제약에 의한 것이라는 판단은 틀렸다. 공급 제약이 아니라 불확실성, 그것도 수요의 불확실성에서 기인한 것이다. 모든 것은 수요 문제다.

이기주의에서 비롯된 마스크 문제

왜 마스크 공급이 늘지 않았을까. 왜 늦게 늘어났을까. 그것은 사실 일본만의 문제다. 일반용 마스크가 부족한 것은 일본뿐이었다. 그 이유는 무엇일까.

전 세계의 수요가 갑자기 늘어났기 때문이다. 코로나 확산 초기에 유럽과 미국에서는 마스크에 대한 거부감 때문에 마스크가 도움이 되지 않는다는 비합리적인 주장이 많았다. 그러나 위기가 고조됨에 따라 전 세계에서 모두 마스크를 착용하게 되자, 쟁탈전이 심해졌다. 의료용 마스크는 처음부터 부족했다. 의료용 마스크 쟁탈전은 사람 목숨이 달린, 치명적 위기를 피하기 위한 싸움이었다.

일반용 마스크도 가격이 급등해 국제가격이 10배로 뛰었다. 그래도 조달난에 빠졌다. 미국에서는 연방정부와 주정부의 쟁탈전이 벌어져 주정부가 예약한 주문을 연방정부가 가로챘다는 의혹이 스캔들로 번지기도 했다.

한편 중국은 바로 증산에 들어갔지만, 해외로는 물건이 돌지 않고 중국 국내에서만 소비되었다. 이러한 상황에서 일본에서는 사재기하려는 사람들이 너나없이 약국으로 몰려갔다. 마스크가 왜 부족한지, 일본에서는 만들 수 없는지, 요구와 비난이 물밀듯이 쏟아졌다. 정부는 이에 대해, 마스크 생산은 특수해서 의외로 어렵고, 다른 생산설비를 활용할 수 없다는 등의 이유를 들며 곧바로 생산을 늘리기는 힘들다고 했다. 사람들의 불만은 높아져 갔다.

수요가 많으니 바로 생산할 수는 없더라도 어딘가에서 반드시 만들게 될 거라고 생각했지만, 공급은 전혀 늘지 않았다. 인터넷에서 되팔기 위해 사재기하는 사람들을 비난하는 목소리가 높았지만, 사재기하는 양은 일부에 지나지 않았다. 일본에서 마스크 사기는 틀렸다고 포기한 사람들이 늘면서 직접 마스크를 만들어 쓰는 사람도 있었는데, 나는 제2차 세계대전 때 일본 여성들이 군인을 위해 한 땀씩 수놓아 만든 부적을 보는 듯해서 싫었다.

그리고 중국은 가장 빨리 코로나 위기가 수습되고 3월 말에는 주 무대가 유럽과 미국 뉴욕으로 옮겨 갔다. 중국과 대만의 일부 정부 기관과 사람들이 일본에 마스크를 기부할 거라는 이야기가 들려왔다.

'중국에는 있는 마스크가 왜 일본에는 없는 걸까. 일본의 생산자는 무엇을 하고 있는가. 중국에서 수입할 수는 없는가.'

사람들의 의문은 커져만 갔다.

나중에야 이 모든 일이 결국 이기주의에서 비롯되었다는 것이 밝혀졌다.

일본의 생산자와 수입자가 생산과 수입을 계속 주저하고 있었던 것이다. 그들은 두 달 동안 계속 주저하고만 있었다.

어떻게 된 영문일까.

국제적으로 쟁탈전이 벌어지면서 국제가격이 폭등했기 때문이다.

중국은 생산능력을 회복하여 생산하고 있었다. 그러나 세계적으로 수요가 급증한 데다가 모든 나라가 긴급하고 급박했다. 그래서 부직포 등의 원재료는 물론 완성품 가격이 급등하여 10배가 되었다.

세계는 어떠했는가.

비싸다고 손 놓고 있을 수만 없었다. 모두 10배 값으로 닥치는 대로 사들였다. 중국은 10배 값을 받고 마구 팔아댔다.

일본은 달랐다.

일본의 생산자는 10배의 원재료 가격을 보고 꽁무니를 뺐다. 채산이 맞지 않는다며 생산자 대부분이 생산을 포기했다. 그래도 수요가 높으니 생산하려고 한 기업도 있긴 했다.

생산보다 한발 빠른 방법은 중국에서 수입하는 것인데, 10배 가격의 마스크는 중국에 넘쳐났다. 수입하려고 한 업자도 있었지만, 그들도 모두 포기했다.

생산자도 수입자도 포기한 이유는 무엇일까.

소매점이 난색을 보였기 때문이다. 10배 가격으로 팔 수는 없다는 것이었다.

10시에 문을 여는 가게 앞에 7시 전부터 줄을 서고 있는 이유가 무엇일까. 감기에 걸릴 리스크와 코로나바이러스에 감염될 위험을 감수하면서까지 세 시간 이상 줄을 서고 있는 이유 말이다. 나 같으면 세 시간 줄 서서 50장에 598엔 하는 걸 사느니 줄 서지 않고 50장에 4,980엔 하는 걸 살 텐데, 사람들 생각은 달랐던 모양이다.

약국에서는 10배 가격으로 팔면 고객들이 불만을 제기해 점원이 난처한 일을 겪게 될 것이라고 했다. 마스크가 없으면 왜 없냐고 몰아세우고, 오른 국제가격으로 팔면 또 비난하며 몰아붙인다는 것이다. 약국은 마스크 팔아 돈 버는 것보다, 비정상적인 소비자와 얽히지 않는 게 더 중요했다.

그 결과 도쿄에도 마스크가 있기는 했지만, 인터넷 쇼핑이나 신오쿠보의 코리아타운에서만 국제 표준가격으로 팔렸다. 그리고 사람들은 마스크를 구할 수 없다고 광분하며 정부를 비난하고 정부는 쓸데없이 마스크를 나누어 줘서 사람들의 불평을 산 것이다.

다시 말해 일본의 마스크 공급부족은 생산능력 부족이나 자본주의 경제의 실패가 아닌, 자본주의를 받아들이지 않는 소비자의 취향 문제였을 뿐이다.

인공호흡기나 페이스 실드, 방호복 상황은 저마다 조금 다르지만, 본질은 모두 수요 리스크였다. 만들려고 마음먹으면 만들 수 있었지만, 창고에 쌓일 재고가 두렵고, 만들어서 팔 때쯤이면 코로나가 진정되어 수요가 없어지지 않을까 두려워 생산에 나서지 못한 것이다.

위험을 무릅쓴 일본 국내의 생산자가 도호쿠 지방에 마스크를 증산하겠다고 표명한 것이 단 하나의 예외였다. 또 하나 미에현의 전기기기 제조업체도 마스크를 만들었는데 50장에 2,980엔 하는 가격에도 비싸다는 비판을 받았다. 하지만 만들어놓으니 구매를 원하는 사람들이 몰려드는 바람에 웹사이트가 다운되어 추첨으로 방식을 바꾸었는데, 100 대 1이 넘는 높은 경쟁률을 보였다. 이는 곧 인터넷에서 비판의 날을 세우는 소비자는 진짜 소비자가 아니라 악플을 달며 즐거워하는 일종의 테러리스트 혹은 시위대라는 것을 보여준다.

이야기가 옆길로 빠졌는데, 요점은 공급 쇼크는 전혀 일어나지 않았다는 것이다. 코로나 위기는 수요 쇼크였다. 마스크도 혼란에 빠진 수요자로 인한 공급 부족이었으므로 어디까지나 수요 쇼크다. 수요자 측이 일상으로 돌아오거나 냉정을 되찾거나 혹은 합리적인 상태가 되면 수급 문제는 자연스럽게 해결될 것이다.

따라서 코로나 위기로 인한 경제위기는 아주 단순한 수요 쇼크인데, 속도와 규모가 극단적으로 커지고, 단기에 집중적으로 일어났을 뿐이다. 그리고 문제를 극복하면 경제는 평소 상태로 되돌아올 것이다.

코로나 위기를 실물경제 면에서 지나치게 겁낼 필요는 없다. 엄청난 순간풍속에 겁이 날 수도 있겠지만, 그건 그저 순간풍속일 뿐이다. 순간 풍속은 강력하지만 한때만 견디면 아무것도 아니라는 점을 명심하고 정부와 기업, 개인 모두가 대처해야 한다.

반대로 말하면 순간풍속으로 잃게 될 것을 최소한으로 줄일 대책이 필요하다. 그것은 기업의 비즈니스 모델이고, 인적 자본과 개인의 의욕이다. 따라서 기업의 도산과 실업을 최소화하고, 그렇게 했는데도 발생한 도산과 실업에 국한하여 전력을 기울여 구제해야 한다.

코로나바이러스에 대한 의료 대책도 마찬가지다. 되도록 감염 확산을 줄이려고 노력하지만 그래도 감염은 발생한다. 이미 감염된 사람은 전력을 기울여 구해야 한다. 중증 환자를 절대 죽게 내버려 두지 않는다. 고비만 넘기면 후유증이 적고, 기력을 회복하면 원래 상태로 돌아간다.

바람직한 경제 대책에 대해서는 나중에 논하기로 한다.

끄떡없는 금융시스템

금융시스템은 실물경제 이상으로 괜찮다.

앞에서 이야기했듯이 코로나 위기가 경제에 미친 영향은 행동 제한으로 인한 수요의 급감뿐이다. 대공황이나 리먼 사태, 동일본대지진과 달리 스톡이 손상되지 않았으므로 급격한 수요 소실로 인한 도산의 급증만 막는다면 실물경제의 위기가 금융 부문의 위기로 번져 다시 실물경제에 피해를 주는 나선형 위기가 되지 않고 그칠 것이다.

자금조달 문제로 인한 기업 도산 방지에는 정책적으로 대응해야 한다. 실제로 전 세계의 중앙은행이 유동성을 시장에 공급하는 동시에 대기업, 중소기업에도 자금경색이 일어나지 않도록 다양한 정책을 펼치고 있다. 그 유명한 FED가 중소기업에 직접 대출을 해준다는 전대미문의 정책은 놀랍지만 적절한 대처다. 이러한 정책을 전례나 조직의 기존 틀에 얽매이지 않고 펼쳐나간다면 금융위기로는 번지지 않을 것이다.

그런데도 미국은 실업률이 높아지고 있지만 이것이 금융시장을 파탄에 내몰 일은 없다. 오히려 실업률이 높아지는 현상을 허용하면 금융위기가 되지 않고 그칠 것이다.

왜 그럴까.

그것은 카를 마르크스의 《자본론》에 나오는, 고전적인 자본과 노동의 트레이드오프 관계 때문이다.

미국은 실업률이 높아지고, 일본은 실업률이 그대로인 이유는 무엇일까. 간단하다. 기업, 정부의 리스크 회피 수단이 두 국가에서 정반대이기 때문이다.

미국은 코로나 확산 여부와 상관없이 뉴욕에서 실업이 급증, 3월 15일에서 21일까지 1주일 동안 신규 실업보험 신청자 수가 330만 건이라는 충격적이고 역사적인 수치를 보였다. 그동안 1주일 최대 건수는

1982년 가을에 기록한 70만 건이다. 1주일 만에 330만 명이 직업을 잃었다는 이야기다.

그러나 더욱 놀라운 점은 이것이 뉴욕에서 외출 제한이 실시(3월 22일부터)되기 직전 숫자라는 것이다. 본격적인 불황이 오기 직전에 330만 명이 직업을 잃은 것이다. 그다음 주는 배로 늘어 665만 건, 그다음 주는 662만 건, 다시 그다음 주는 525만 건으로 한 달간 2,200만 건, 그러니까 2,200만 명이 일자리를 새로 잃은 셈이다.

미국의 무서운 점은 속도다. 기업은 도산을 면하기 위해 재빨리 해고할 수 있는 직원을 모두 자른다. 자본을 지키고, 그 결과 금융시장을 지켜낸다. 그러므로 실업률이 역사적인 수준을 기록해도 금융위기가 올 것이라고는 단정할 수 없다.

그리고 미국은 각 기업에 개별 대출을 해줄 상업은행이 적어 회사채, 어음 시장 등을 통해 차입이 이루어진다. 따라서 은행 때문에 일어나는 연쇄도산이 없고, 은행의 대출 중단이 없으며, 건전한 부문과 기업이 자금회수가 안 되어 자금경색에 시달리다 도산하는 일이 없다.

반대로 스스로 자금경색에 빠진 기업은 바로 도산한다. 대형 은행이 유연하게 장기적 시야에서 뒷받침해 주는 일이 없으므로 자금경색이 일어나면 곧바로 도산한다. 그러나 도산하고 나서 투자가가 떼로 몰려들어 자본을 주입하여 부활시키는 경우도 많다. 도산한 직후에는 사업 가치가 남아 있을 때가 많기 때문이다.

이러한 배경에서, 일본에서는 1990년대 말과 같은 부동산 버블 붕괴가 건전한 부문까지 휩쓰는, 은행을 통한 연쇄도산 같은 패턴에 빠질 우려가 있다. 미국에서는 은행을 통한 연쇄도산 리스크는 상대적으로 적지만, 시장 경유의 더 큰 연쇄도산 가능성이 있다. 이것이 현재 가장 우려되고 있는 일로, 정크본드 시장의 버블 붕괴로 인해 대기업의 연쇄도산이 일어나 금융위기, 대기업 위기가 동시에 오는 것이 미국 경제의 최대 리스크다.

정크본드 버블과 금융위기

정크본드 시장은 이미 버블이 형성되어 있었다. 리먼 사태 이후 FED 및 전 세계 중앙은행의 과잉 금융완화, 이른바 양적 완화로 인해 자금이 흘러넘치고 채권의 이율은 급락했으며, 국채에서 이탈한 자금이 조금이라도 이율이 높은 상품을 찾아 나섰다.

유럽에서는 마이너스금리가 굳어졌고, 독일 국채 등은 10년물 이율이 −0.6%라는 식으로 아무리 생각해도 설명할 수 없는 수준으로 정착하고 말았다.

그 결과 리스크가 높은 채권인 정크본드의 유동 시장이 계속하여 사상 최고치를 대폭 경신하고 있었다. 버블이 발생한 것이다. 자금이 물밀듯이 몰려들고 값이 올랐다. 이율은 더욱 떨어졌다. 그렇게 되자 그때까지 저금리로 자금조달을 하지 못하던 기업까지 새롭게 자금을 얻어 투자를 확대했다. 정크본드 발행액이 증가하고 정크본드에 투자하고자 하는 투자가의 욕구를 충족했다.

언뜻 좋은 순환처럼 보이지만, 실제로는 단기 정크본드 버블 현상이 생겨났다. 전형적인 예가 셰일오일, 셰일가스[6]의 개발 투자를 위한 자금조달이었다. 이는 양적으로도 방대했다. 그러나 셰일가스 산업 자체도 버블이었으므로 원유 가격이 하락할 때마다 셰일 업계의 파산 우려가 터져 나왔다. 2017년 이후 여러 이코노미스트가 셰일 개발 파탄으로부터 올 금융위기에 대해 경종을 울리더니, 2019년에는 드디어 언제 파탄에 이르러도 이상하지 않다고 우려하기 시작했다. 이는 셰일가스 업계의 파탄에 그치지 않고, 정크본드 시장 버블의 파탄으로 이어지게 되는 것이다.

이윽고 파탄의 날이 다가왔다.

2020년 4월에 접어들자 미국의 셰일가스·오일 중견 기업이 차례로 파산하고, 6월에는 대기업인 체서피크도 파산했다. 이제 정크본드 시장 전체로 퍼져나갈지 여부가 초점이 되었다.

최근 유행하는 투자 대상이 CLO대출 담보증권라고 불리는 증권화 상품으로, 요컨대 은행 등 금융기관이 낸 대출을 증권화한 것이다. 이 발행 잔액은 2019년 시점에 65조 엔 이상이었다고 하며(블룸버그 등의 계산에 의함), 이 가운데 8조 엔 정도를 일본의 농림중앙금고 한 곳에서 보유하고 있다. 일본의 지방은행, 신용금고 등의 지방 금융기관도 국채의 이율 소멸로 인한 운용난으로 거액을 보유하고 있어, 일본 금융청이 날카롭게 감시하고 있다.

---

6 모래와 진흙 등이 단단하게 굳어진 퇴적암 지층인 셰일층에 매장되어 있는 원유와 천연가스.

CLO 자체는 정크본드라고 단정할 수 없으며, 트리플 A라는 최고 등급 상품부터 투기적 등급인 상품까지 다양하다. 그러나 높은 이율을 원하는 투자가가 밀려든다는 점에서 정크본드와 같으며, 보유한 투자가가 같다는 점에서 정크본드 시장의 버블이 붕괴하면 CLO 시장에서도 투매가 일어나 폭락할 것이 틀림없다. 그렇게 되면 일본의 금융기관, 즉 지방 금융기관 및 농림 계열 금융기관의 파탄으로 인해 일본에서 금융위기가 일어날 가능성이 있다.

버블이 '또''다시' 찾아왔다

그러나 이 버블 붕괴의 위기는 코로나바이러스 '덕분'에 사라졌다.

왜냐하면 코로나 위기로 인한 기업 도산을 피하기 위해 FED가 회사채를 대거 사들이기로 결정했기 때문이다.

물론 코로나 위기와 상관없이 이전부터 파탄 우려가 있었던 기업까지 구제해서는 안 된다는 기준으로 트리플 B급, 즉 투자 적격이었던 채권이 코로나 위기 이후 트리플 B 미만으로 된 채권까지만 사들이기로 했다. 그러므로 FED가 정크본드를 직접 사들이는 일은 없을 것이다.

그러나 거기는 시장이다. 트리플 B 채권에 대량 매수가 들어와, 그 시장이 버블이 되면 인접한 트리플 B 마이너스 채권 가격도 오르고, 그에 따라 더블 B 플러스 채권 가격도 오르는 방식으로 정크본드 시장도 다시 버블이 된다. 실제로 '타락천사 채권'이라고 불리는, 투자 적격에서 투기 등급으로 평가절하 된 채권에 투자가 쇄도하고 있다. 원래 폭락해야 마땅한데, 앞으로 FED가 사들일 거라는 기대감이 팽만한 것이다. 그야말로 버블이다.

전 세계에 자금이 남아돌았고, 그 자금은 결국 세계 금융시장에 흘러들었다. 그렇게 되자 모든 금융상품 가격이 올랐다. 리스크가 있는 것에만 이율이 붙어, 이율을 좇는 투자가는 정크본드라도 사게 되었다. 이리하여 정크본드 버블은 붕괴 직전에 다시 한번 버블이 될 가능성이 커졌다.

어디선가 들은 적이 있는 이야기 같지 않은가.

그렇다. 리먼 사태로 패닉에 빠진 시장은 전 세계의 중앙은행이 양적 완화로 구제함으로써 버블이 다시 만들어졌다. 버블 붕괴의 처리는, 더욱 큰 버블이 만들어짐으로써 단기적으로 미루어졌다. 그 결과 국채 버블이 되었고, 이것이 정크본드 버블로 옮겨 갔다. 지금의 상황은 그 재현에 지나지 않는다.

버블은 반복된다는 말이 실제로 이루어지고 있다.

이것은 코로나 위기에서도 똑같을 뿐만 아니라, 리먼 사태 처리 후의 버블 이상으로 커질 가능성이 있다.

왜냐하면 앞에서 이야기한 대로 코로나 위기가 실물경제에 미친 영향은 리먼 사태 때보다 훨씬 작을뿐더러, 금융기관은 직접 피해를 보지 않았다. 그런데도 FED의 자산 매입은 리먼 사태 때보다 훨씬 크고, 또 재정 투입도 리먼 사태 때보다 크기 때문이다.

그야말로 '또''다시' 버블이 찾아온 것이다.

제3장

모든 가격은 버블이다

원유 선물 -40달러는 무엇을 의미하는가

전대미문의 원유 선물 마이너스 가격

2020년 4월 20일, 미국 WTI West Texas Intermediate, 서부 텍사스산 원유 선물 5월물은 전대미문의 마이너스 가격, 그것도 1배럴당 -40달러가 되었다. 원유를 사면 40달러를 받을 수 있다. 사상 최초라기보다는 천재지변에 가까운 현상이다. 이것은 무엇을 의미하는가.

일단 설명은 간단하다.

선물 수급 균형이 무너졌기 때문이다. 선물 결제 기한이 다가왔는데 아무도 산다는 사람이 없어서 파는 사람이 투매한 것뿐이다.

이걸로는 설명이 부족하다. 0이 되는 것은 알겠지만 마이너스까지 떨어지는 것은 왜인가.

이것도 간단하다. 원유 선물이므로 주가지수선물과는 달리 만기일까지 가지고 있으면 원유를 받아야만 한다. 받으면 저장 비용이 든다. 그러니 돈을 받지 않으면 원유를 떠안을 사람이 없다. 저장용 시설이나 유조선 이용료, 임차료는 폭등하고 있다. 이것을 새롭게 빌려서 원유 수요가 돌아올 것으로 예측되는 8월 이후에 팔면 본전을 찾을 수 있는 가격, 그것이 마이너스인 셈이다. 보통은 이렇게 설명할 것이다.

하지만 이것도 조금 이상하다. 만일 그렇다면 선물뿐만 아니라 원유의 현물매매 스폿가격[1]도 마이너스가 되어야 한다. 하지만 현물에는 이러한 일이 일어나지 않았다. 현물가격이 플러스라면 현물 수요자가 참여해서 재정거래arbitrage[2]를 하면 마이너스 가격이 되지 않는다. 왜 이런 일이 일어난 걸까.

그들은 바로 뛰어들지는 않았지만, 마이너스 폭이 크니 돈벌이가 될 것이라 보고 늦게나마 뛰어든 것이 다음 날이었다. 그래서 다음 날에는 마이너스 폭이 축소되었다고 한다.

하지만 아직 설명할 수 없는 점이 있다.

그렇다면 왜 6월물도 1배럴에 6달러까지 폭락했을까. 한 달의 여유가 있으니 현물을 사는 사람은 선물을 사두면 큰돈을 벌 수 있지 않은가. 5월물에 마이너스가 일어났다면 6월물에도 같은 일이 벌어질 가능성이 있다는 판단으로, 기다렸다가 닥치는 대로 사들일 수 있었을 텐데 왜 5월물 마이너스 가격이라는 대폭락이 6월물까지 이어졌을까.

이것도 일반적인 해설을 하자면 간단하다. 이런 폭락을 가져온 것은 어떤 ETF로, 이 펀드는 대량의 5월물, 6월물을 안고 있었다. 자신의 펀드 가격이 하락하고 있고, 자금조달도 불가능한 상황이어서 7월물,

---

1 계약할 때마다 새로이 결정되는 시장가격. 원유 가격과 관련한 경우가 많다.

2 어떤 상품의 가격이 시장마다 다를 경우, 가격이 싼 시장에서 사들여 비싼 시장에 팔아 매매 차익을 얻는 거래 행위.

8월물 등으로 갈아타지(바꿔 사지) 못한 채 계속 끌어안고 있다가 마지막에 투매하면서 5월물이 폭락한 것이다. 이때 6월물에 무리하게 갈아타는 바람에 6월물은 5월물과 연동하여 폭락하지 않고 오히려 값이 올랐다. 그래도 5월물을 안고 있는 것보다는 나았기에 6월물로 갈아탔다. 사실 이 펀드는 5월물보다 6월물을 훨씬 많이 끌어안고 있었기에 6월물까지 폭락하면 파탄에 이르므로 6월물 값이 오른 것은 오히려 잘된 일이었다. 6월물이 비교적 비싸져도 상관없었다. 어떤 의미에서는 6월물을 일시적으로 스스로 사들인 형태가 되었다. 그리고 다음 날에는 6월물을 마구 팔아치웠다. 5월물 매각으로는 펀드 해약에 대응하기 위한 현금을 조달하는 데 역부족이었고, 더 손실이 커졌기 때문에 신용매매 담보용 현금이 필요했다. 이 펀드가 6월물을 다음 날에 팔아댔으므로 6월물도 폭락한 것이다. 이제 더 이상 이 펀드에서 나올 매물이 없으므로 그 후 6월물은 반전하여 대폭 상승했다.

수요와 구매는 별개

보통 해설이라면 여기서 끝난다. 아무런 모순이 없는 듯 보일 것이다. 하지만 사실 큰 모순이 여기에 깃들어 있다. 가치가 있는 물건 가격이 마이너스가 된다는 것은 아무래도 이상하다.

왜 원유의 선물가격이 −40달러가 되었는지 정리해 보자.

첫째, 현물이 아닌 선물이었기 때문이다. 선물을 금융상품으로 보고 투기적 목적으로 원유를 샀기 때문이다. 원유를 쓰지 않을 사람이 원유를 샀기 때문이다.

하지만 이 논리로는 충분하지 않다. 왜냐하면 원유를 쓰는 사람은 세상에 많으므로 자신이 쓰지 않더라도 누군가 반드시 산다는 전제하에 원유를 산 것이기 때문이다. 따라서 이 전제가 틀리지 않았다면 금융상품으로서 원유를 사는 것은 틀린 행동이 아니다. 그러나 결과적으로 틀렸다. 적어도 가격은 틀린 가격이 되었고, 사들인 사람의 의사결정도 결과적으로 틀린 셈이 되었다.

누가 무엇을 틀린 것일까.

우선 전제가 틀렸다. 수요가 있으니 반드시 누군가 살 것이라는 전제가 틀렸다. 수요가 있는 것과 팔리는 것은 별개로 보는 것이 정확하다. 다시 말해 필요한 사람이 자금을 가지고 있어도 그 순간에 그 물건이 필요하지 않으면 그때 살 것이라고 단정할 수 없다. 당연한 이야기 같아 보이겠지만, 여기에 금융과 투자의 두 가지 중요한 포인트가 있다.

하나는 가치와 가격은 다르다는 점이다. 가격은 당시의 거래에서 결정된 결과에 지나지 않는다. 근거가 없다. 이때 사는 사람이 높은 값을 내면 그것이 가격이 되고, 파는 사람이 초조한 마음에 싸게 팔면 싼값이 가격이 된다. 가치와는 전혀 관계가 없는 것이다.

또 하나는 시점의 문제다. 같은 물건이라도 시점에 따라 다른 물건이 되며, 금융과 투자에서는 이 차이가 리스크를 포함하므로 전혀 다른 물건이 된다. 이렇게 서로 다른 시점을 묶는 것을 리스크라고 한다. 이것이 리스크의 본질이다.

다시 말해 이 문제는 모든 금융상품에 내포된, 가치와 가격의 차이, 리스크의 본질이라는 이슈다. 이것은 기본 중의 기본 문제로, 2020년 원유 마이너스 가격 사태에 국한된 이야기가 아니다. 선물이라는 상품의 존재, 이것을 투기적으로 혹은 순수하게 금융 투자로 바라보았을 때 항상 생기는 일이다.

더 큰 문제는 마이너스가 되었다는 데 있다. 가격이 가치에서 벗어나는 것은 항상 있는 일이다. 여기서 중요한 것은 두 가지다.

첫째, 원유라는 실수요가 항상 있고, 실수요상으로는 항상 가치가 있는데도 실수요 가치를 대폭 밑도는 수준까지 폭락한 점이다.

투자 근거인 실수요의 가치와 상관없이 폭락했다. 그렇다면 원유라는 실물에 투자하는 의미가 없다. 실물이 반드시 가치가 있다는 근거가 있어서 투자했는데, 근거의 가치와 상관없이 떨어져 버린 것은 실물 자산을 근거로 한 금융상품에 투자하는 행동에 의문을 품게 한다.

둘째, 근거의 가치는 경기에 따라 달라진다고 하더라도 마이너스가 될 일이 없는데 마이너스 가격이 매겨졌다는 점이다. 내려가는 데도 한도가 있는데, 이것이 극한으로 치달아 0을 지나 마이너스 가격이 되었다는 사실이 중요하다.

다시 말해 다운 사이드 리스크가격 하락 리스크가 한정적이라는, 원유에 투자하는 가장 큰 의미가 이 두 가지로 인해 전면 부정되었다.

왜 원유에 투자하는 본질적 가치를 잃게 되었을까. 그것은 폭락 전 가격이 너무 올랐기 때문이다.

가격이 너무 올랐다는 것은 '폭락하는 유일한 이유'다. 올랐기 때문에 내리는 것이다. 오르지 않으면 내리지도 않는다. 이 둘이 세트다.

하지만 여기에 또 주목해야 할 점이 있다. 너무 비싸다, 너무 올랐다는 것은 절대적인 가격 수준이 아니라 '현물의 실수요에 비해서'라는 데 있다. 다시 말해 원유의 선물가격이 마이너스가 될 정도로 폭락한 것은 지금까지 원유 선물이라는 금융상품이 원유의 실수요 가격을 대폭 넘은 수준에서 계속 거래되어 왔기 때문이다.

언뜻 당연한 듯 보이면서도 대단히 중요한 부분이다. 가장 큰 요점은 '원유 선물가격은 항상 원유의 실물 가격과 상관이 없었으며, 실수요의 가격을 항상 웃돌았다'는 것이다. 실물 가격과 상관이 없는 동시에 항상 너무 비쌌다.

현물의 수요가 높아져서 선물가격이 오른 것이 아니라, 현물의 수요가 높아지려고 한다는 뉴스가 나온 후부터 선물을 사는 사람들이 증가할 것으로 보고 모두들 사려 하기 때문에 오른 것이다. 폭락해서 현물보다 낮을 가능성이 있었던 것은 리먼 사태 후뿐이다. 1배럴당 147달러에서 폭락하여 20달러 선이 무너졌을 때 현물가격을 밑돌았고, "유조선을 이용해서 재정거래를 할 수 있지 않을까?" 하는 소문이 돌았지만, 실현되지 않았다. 순수한 실수요 가격은 그 상황에서는 실제로 20달러보다 낮았을 가능성이 크고, 선물은 한 번도 현물의 실수요 가격을 밑돌지 않았다고 추측된다.

원유의 적정가격은 없다

그렇다면 실수요의 진짜 원유 가격은 얼마일까.

'현물 시장이 있으니까 그 가격은⋯.' 하고 시장가격을 본다면 그것은 틀렸다. 왜냐하면 시장의 거래 가격은 가치와는 관계가 없기 때문이다. 현물 원유의 진짜 '가치', 진정한 펀더멘털fundamental[3]을 기반으로 한 '가격'은 얼마일까.

자, 여기가 이번 장의 가장 중요한 논점이다. 그리고 이것이 2020년 4월 20일에 원유가 −40달러를 기록한 두 번째 이유다.

사실 원유의 실물로서의 '가치'와 '가격'은 아무도 모른다. 즉 펀더멘털을 바탕으로 하는 '가치'도 '가격'도 불명확하다. 다시 말해 원유는 선물의 금융상품일 뿐만 아니라 현물 역시 펀더멘털이 존재하지 않는다. 이것이 가장 큰 문제다.

'무슨 그런 말도 안 되는 소리를!'이라고 생각할 것이다. 원유는 정제해서 휘발유를 만들거나 제트기 연료로 쓰거나 화력 발전용으로 쓰는 등 다양한 실수요가 있다. 파는 사람은 실제로 돈을 낼 것이라고 여겨지는 가격을 상정해서 제품 생산량을 정하고 가격을 정한다. 원유로 제품을 만드는 기업은 원유 현물을 돈으로 사고 있으니, 실수요를 바탕으로 하는 가격이 펀더멘털이 아니냐고 생각할 것이다.

---

3 한 나라의 경제 상태를 나타내는 데 가장 기초적인 자료가 되는 거시경제지표. 성장률, 물가상승률, 실업률, 경상수지 따위가 있다.

아니다.

원유의 실수요 거래 가격은 1970년대 석유파동 전까지는 1배럴당 2달러였다. 이것이 제1차 석유파동으로 10달러를 넘었고, 1970년대 말 제2차 석유파동으로 30달러를 넘었다. 석유파동으로 무엇이 달라진 걸까. 계기는 중동전쟁에 있었는데, 그것은 일시적인 수급 문제였다. 하지만 원유 가격은 그 후 2달러로 돌아가는 일이 없었다. 갑자기 사람들이 원유를 더 찾게 된 걸까. 산업구조가 갑자기 달라진 걸까. 당연히 아니다. 공급 측 구조가 달라진 것이다. 그 후 OPEC석유수출국기구이 원유 가격 결정의 주도권을 잡았기 때문이다.

그들은 무엇을 했을까. 공급을 조정하기로 했을 뿐이다. 그 결과 가격 결정권이 수요자 측에서 공급자 측으로 옮겨 갔다. 단지 그뿐인데 모든 것이 달라졌다.

수요량은 정해져 있다. 휘발유 등 소비자에게 필수품이 되기도 하고, 화학제품 만드는 원재료가 되기도 한다. 화학제품은 원재료 가격의 변동에 따른 생산 조절이 불가능하지는 않지만, 단기적으로는 조절할 수 없다. 이미 설비에 투자했기 때문에 살아남기 위한 최저 생산량이 정해져 있다. 실제로는 최종 제품의 가격에서 차지하는 원유 원재료 비용은 일부에 지나지 않으므로, 원재료비가 두 배 정도 올라서는 생산량을 바꾸지 않는다. 제품 가격을 약간 올리거나 이익을 약간 덜 보는 쪽으로 생각한다. 따라서 공급자 측이 공급량을 조정해서 가격을 끌어올리려고 할 때 가격이 오른다고 볼 수 있다.

원유는 어떻게 공급량을 조정할 수 있을까. 생선은 썩지만 원유는 썩지 않기 때문이라는 대답은 틀렸다. 종이도 썩지 않지만 종이 공급은 조정되지 않는다. 일반적인 논리에 따르면 원유는 생산지가 편중되어 있어서 과점체제이기 때문이다. 제지업은 과점이긴 하지만 경쟁이 심하므로 공급자들이 카르텔로 뭉칠 수 없고 일반적으로 시장수요에 따라 가격이 결정된다. 하지만 냉정하게 생각하면 아니다. 원유도 과점 경쟁인 상황은 마찬가지다. 수요자 측에서 봐도 둘 다 필수품이어서 갑자기 소비량을 줄일 수 없다.

그렇다면 무엇이 다를까.

가격이다. 원유는 아주 비싸다. 그리고 그 결과 돈이 된다. 생산 비용에 비해 가격이 아주 비싸므로 아주 많은 돈이 된다. 한 나라 경제가 원유만으로 돌아간다. 세계경제의 패권을 결정한다. 그 정도로 가격이 비싸다. 그러니 돈이 된다. 단지 그뿐이다.

왜 비쌀까. 중요한 필수품이기 때문일까. 아니다. 물이 더욱 중요한 필수품이다. 원유는 천연가스가 대신할 수 있다. 때에 따라서는 석탄도 대체할 수 있다. 화학제품에는 꼭 필요하지만, 화학제품도 사실은 원재료 대체가 가능하다. 왜 비쌀까.

그냥 어쩌다가 비싸졌다. 우연히 석유파동 때 가격을 끌어올리는 데 성공했다. 그뿐이다.

어쩌다가 폭등한다. 그리고 그 가격을 어느 정도 계속 유지한다. 그렇게 되고 나서 다시금 원유라는 물건을 생각해 보니 가격이 대단히 비싸고 중요한 필수품에 속하고 또 소비량도 많다. 그러자 합계 시장 규모가 막대해진다. 이 막대한 시장에서 일단 높은 가격이 일정 기간 성립하면 이를 전제로 세상이 돌아간다. 그 후 원유가 비싸졌다.

원유는 1배럴당 10달러든 40달러든 100달러든 상관없다. 가격이 결정되고 일정 기간 지속되면 그것을 전제로 세상이 움직인다. 이것이 전부다. 10달러, 40달러, 100달러는 그때그때 우연히 정해진 가격이다. 이것이 일단 지속되면 그 후에는 지속시키는 힘이 작용하여 사는 쪽은 가격을 받아들이게 되고, 자력으로는 빠져나올 수 없게 된다.

원유가 비싼 것은 우연의 일치다

원유 가격은 이렇게 어쩌다가 정해진 수준으로 결정되었다. 가격 자체에는 아무 의미도 없다.

그리고 우연히 결정된 가격이 대단히 높은 수준이었다. 그래서 많은 이해관계가 고착화했다. 돈이 되는 이상 가격을 내릴 이유가 없었다. 그래서 원유는 비싼 것이다.

물론 가격이 내려간 적도 있지만 공급자 측이 카르텔을 통해 하락을 최소한으로 줄여 가격 붕괴를 막았다. 1990년대 초반에는 제자리걸음하다가, 후반이 되자 가격이 무너지기 시작해 2001년 테러가 일어났을 때 폭락했다. 그러나 이때부터 중국 수요라는 요소가 생겨났다. 중국 수요는 실제로 존재하긴 했지만, 자금이 남는 투자가들이 대거 뛰어들어 자원을 21세기 최대의 매력적인 금융상품으로 치켜세워 폭등시켰다.

여기서 알 수 있는 점은 무엇일까.

원유 가격에는 근거가 없다는 것이다.

수급으로 움직이지만 수급만으로는 절대 수준이 정해지지 않는다. 수요가 증가하면 오르고 공급이 증가하면 내려간다. 방향성이 정해질 뿐이다. 우연히 정해진 수준이 장기간에 걸쳐 계속 영향을 미친다.

다시 말해 원유 가격은 항상 버블이다.

처음부터 정리해 보자.

원유 선물가격이 −40달러가 된 이유는 원유가 금융상품으로서 투기적 수요가 중심인 시장에서 유통되므로, 수급 균형이 무너지면 비정상적인 가격이 붙는다는 전제가 있었다. 하지만 앞에서 이야기했듯이 가장 큰 이유는 지금까지의 가격이 비정상적으로 높았기 때문이었다. 극단적으로 비쌌기 때문에 극단적인 마이너스 가격이 된 것이다. 실수요와 관계가 없는 가격으로 거래되고 있었기 때문에 일단 가격이 무너지니 실물로서의 가치와는 상관없이 폭락했다.

이는 실수요 시장과 금융상품 시장이 분리되어 있어서 애초부터 재정거래를 생각하지 않았기 때문이라고 여겨지기 쉽다. 그게 사실이라면 극단적으로 가격이 폭락했을 때 헤지 펀드 등이 유조선을 빌려 재정거래를 시도하여 실수요 가격을 가지고 제동을 걸었을 것이다.

그러나 그렇게 하지 않았다. 실수요 원유 시장의 가격도 버블이었기 때문이다. 실물 가격도 버블이라 재정거래가 성립하지 않는다. 실물도 1배럴당 10달러든 40달러든 100달러든 상관없다. 근거가 없다. 일단 성립된 가격에 맞춰서 세상이 움직여 왔으므로 갑자기 요동치는 일은 없지만, 반대로 움직이기 시작하면 어디까지든 떨어질 가능성이 있다. 그러니 실물 시장의 원유 가격도 일종의 버블이라고 할 수 있다.

원유 가격에 맞춰서 세상이 움직여 왔다는 것은 무슨 말일까.

1배럴당 80달러를 전제로 이라크의 국가 예산이 짜여 있고, 러시아는 40달러를 넘지 않으면 재정파탄으로 향할 가능성이 크다. 셰일오일 개발업도 40달러가 무너지면 지속성을 갖기 힘들어지므로 파산하는 중소 업체가 속출하게 될 것이다. 그러나 70달러라면 온갖 업자들이 뛰어들고자 할 것이고, 일정 기간 100달러가 이어지면 대다수의 중소 업체, 그리고 대기업에서 셰일오일을 생산할 것이다.

셰일오일 업계의 산업구조가 원유 가격 수준에 따라 크게 달라지는 것은 유명하지만, 그것을 노리고 OPEC의 힘 있는 나라와 러시아는 미국의 셰일 업계를 무너뜨리기 위해 낮은 가격으로도 생산을 멈추지 않는 전략을 취한다. 그러나 자신들도 손해 보는 가격으로 정해졌을 때 공급을 줄여 원래 상태로 되돌리려고 해도 간단하지 않다. 폭락했을 때 생산량을 반으로 줄이면 일단 수입이 주는데, 당장 눈앞의 회사 경영과 국가 운영에 문제가 생기기 때문이다.

나아가 자신들끼리 모두 정할 수 있는 것도 아니다. 국가 내부에도 여러 의견이 있고 이해관계자가 있다. 가령 독재국가, 독점기업이라고 하더라도 내부를 간단하게 통합하기는 어렵다. 국제적인 과점체제도 높은 수준에서 가격이 붕괴된 경우에는 산유국 간에 일치단결을 이루기 힘들다. 반대로 가격 폭등이 일어났을 때는 일치단결할 수 있다. 모든 관계자가 더욱 돈을 벌게 되고, 단결함으로써 모든 구성원이 이득을 보기 때문이다. 폭락 때는 누구나 먼저 빠져나가려고 하므로 잘 안되는 것이다.

따라서 수요가 사라지는, 코로나 위기 같은 돌발적인 사건이 일어나면 원유 가격이 폭락한다. 그것도 원유 가격이 최근 10년간 하락세이고, 생산자 측의 과점 구조가 계속 무너지고 있으며, 생산자 각각의 이해가 잘 맞아떨어지지 않는 상황이라면 수요의 급감을 계기로 실물 원유 가격의 버블도 붕괴하여 대폭락을 맞을 것이다.

이로 인해 앞으로 원유 가격 폭락은 몇 번이고 반복될 가능성이 있다.

금도 다이아몬드도 가치는 없다

이런 일이 원유에만 일어날까. 물론 그렇지 않다. 다른 것들에도 들어맞는다.

그중 전형적인 것이 금과 다이아몬드다.

금과 다이아몬드는 가치라곤 전혀 없다. 공업용 다이아몬드나 금이 있긴 하지만 실용적 가치는 0에 가깝다. 금, 다이아몬드의 가격과는 관계가 없으며 따로 움직인다.

금과 다이아몬드는 사람들이 높은 가격을 받아들였기 때문에 그 가격에 머물러 있는 것일 뿐이다. 우연히 그런 가격이 붙었고, 그 가격을 유지하려는 세력이 성공했기 때문에 높은 가격에 머무르고 있다. 그

후에는 높은 가격의 자산이라는 지위를 획득한 물건(즉 다이아몬드나 금)을 자산 혹은 금융상품으로 이용하는 사람들이 늘어 시장이 성립하고 가격이 움직이게 되었다. 그러나 높은 수준의 시작 지점을 기준으로 가격이 오르내릴 뿐 계속 높은 수준을 유지하고 있다.

금과 다이아몬드가 이렇게 높은 가격을 유지하는 데 성공한 원인은 몇 가지가 있다. 당연한 듯이 들리고 누구나 알고 있는 것들이다. 하지만 주의하지 않으면 안 될 점은, 이러한 이유는 가격을 유지하는 데 성공하기 쉬운 이유이지 높은 가격 수준, 즉 왜 그렇게까지 비싸졌는지에 대한 이유는 되지 않는다는 점이다.

일단 당연한 요인부터 살펴보자.

다이아몬드와 금은 산지, 매장지가 매우 편중되어 있고 둘 다 구소련, 남아프리카가 압도적인 지배력을 지닌다. 다이아몬드 생산량은 상위 6개 국가가 전 세계의 90% 가까이 차지하는데, 그보다 중요한 점은 남아프리카공화국에서 시작된 회사 드비어스가 전 세계 다이아몬드의 90%를 차지하면서 가격의 유지, 지배에 성공했다는 사실이다. 드비어스가 러시아와 결탁하여 가격을 지배했다. 다이아몬드 매장량은 원유 등과 비할 바가 안 될 정도로 무한하다고 알려져 있는데, 러시아에는 1,000년분에서 2,000년분이 매장되어 있다고 이미 확인되었으므로 가격 지배를 멈추면 공짜나 다름없다고 해도 이상하지 않을 정도다.

한편 금은 19세기 이후, 그것도 남아프리카에서 집중적으로 생산되어 오랜 기간 전 세계 3분의 2를 차지했는데, 최근 많은 나라에서 생산되면서 지금은 중국이 독보적 1위이고 미국, 호주, 러시아, 캐나다 등이 뒤를 잇고 있으며 남아프리카는 그 아래에 있다. 남아프리카는 채굴이 쉬운 탓에 너무 많이 채굴되어 상대적으로 고갈 추세에 있다. 하지만 세계적인 금 매장량은 고갈과 거리가 멀어서, 사실 희소성은 없다.

그러나 지금까지 세계적인 암묵적 카르텔로 생산량을 제한하고 가격을 조정하는 데 성공하여 높은 가격이 유지되고 있다. 이에 금융상품으로서의 수요가 대량으로 발생했고, 가격은 더욱 올라 높은 수준에서 멈추었다. 하지만 생산구조를 볼 때, 공급하려고 하면 얼마든지 공급할 수 있으므로 금이 비쌀 이유는 없다. 실수요인 공업용도 유일무이한 특징이 전혀 없고, 열전도성 면에서 백금과 동에도 뒤진다.

이러한 배경에도 불구하고 다이아몬드와 금이 높은 가격을 유지할 수 있었던 것은 상품으로 등장했을 때 사람들이 귀중한 것이라고 착각했기 때문이다. 귀중한 것으로, 혹은 아름다운 것으로 높은 가격이 매겨졌기 때문에 그 후 금과 다이아몬드의 광맥을 손에 넣은 기업과 기업가는 가격이 무너지지 않도록(다이아몬드, 금 모두 19세기에 대량으로 채굴되어 폭락의 위기가 있었다.) 공급을 조절해서 높은 가격이 유지되고 있을 뿐이다. 그러므로 다이아몬드와 금의 가격 수준에는 아무런 근거도 의미도 없다.

가치가 없는 것일수록 비싸진다

원유와 비교했을 때, 금이나 다이아몬드에 더욱 버블이 생기기 쉬운 이유는 첫 번째로 저장이 원유보다 쉽다는 점이다. 저장 비용이 매우 낮고, 공급량을 자유롭게 조정할 수 있다. 이 사실은 누구나 알 수 있다.

하지만 훨씬 더 중요한 두 번째 이유는 사람들 대부분이 믿지 못할 것이다. 그것은 금이나 다이아몬드가 원유보다 실물 가치가 낮다는 점이다. 실물로서 가치가 없는 것일수록 버블이 생기기 쉽다. 왜냐하면 실물로서 실용상 가치가 존재하면 그 가치와 시장가격과의 차이가 눈에 보이므로, 가격이 실용상 가치에서 벗어나 자유롭게 날아서 높이높이 부풀어 오를 수 없기 때문이다.

가치가 없는 것일수록 버블이 된다는 것은 잘 변하지 않는 사실이다. 실체가 또렷하지 않은 것일수록 버블이 되기 쉽다. IT 버블 때의 닷컴 붐도 그러했고, 일본의 스타트업 버블도 그러했다. 더 옛날로 거슬러 올라가면 19세기 초, 영국에 대공황을 일으킨 '남해회사 포말사건' 버블도 있다.

세 번째 이유도 받아들이기 어려울지 모른다. 대량으로 존재하기에 누구나 손에 넣기 쉽고, 또 고갈할 우려가 없어서 버블이 된다. 희소성과 반대다. 희소성이 있는 것일수록 귀중하고 고가라고 믿기 마련이고, 그러므로 버블이 되기 쉽다고 생각한다.

그렇지 않다. 희소성이 있는 것은 고가는 될 수 있지만 버블이 되지는 않는다. 누구나 몰려들 수 없기 때문이다. 버블이 되려면 누구나 몰려들 수 있어야 한다. 그러기 위해서는 아주 많은 사람이 손에 넣을 수 있는 것이어야 한다. 너무나 희소하면 손에 넣을 수 없다고 판단해서 몰려들 의욕을 잃기 때문이다. 그래서 널리 알려진 것이 안정된 자산 가치를 지닌다. 매각이 쉬우니까.

누구나 안다는 것은 누구에게나 팔 수 있고, 안정된 재화 가치를 지니므로 구매자도 사기 쉽다는 뜻이다. 원래 비싼 물건으로 사람들에게 알려져 있다면 더욱 완벽하다. 아무리 귀중하고, 희소한 것이라 해도 본 적이 없다면 믿을 수 없다. 사기일지도 모르니까. 하지만 금이나 다이아몬드는 누구나 안다. 다이아몬드나 금이 진짜이기만 하다면 파는 사람이 수상쩍어도 상관없다. 그러므로 팔기 쉽다.

금은 가격 상승으로 가치를 잃었다

네 번째 이유는 두 번째와 세 번째를 합친 듯한 이유인데, 실용상 가치가 존재하지 않는다는 데 있다. 공업용 다이아몬드가 있고 금은 부품을 도금하는 데 쓰기는 하지만, 여기서 말하는 가치 있는 금이나 다이아몬드는 귀금속, 보석으로서의 재화로, 이것은 모두 실용상 가치가 없다. 애매하게 가치가 있으면 원유처럼 가치가 없어질 리스크가 있으므로, 자산으로서의 가치가 사라질 우려가 있다. 하지만 실용상 가치가 원래 없다면 가치가 줄어들 일이 없으므로 실용상 가치가 내려가거나 없어짐으로 인해 가치가 사라질 일이 없다.

조금 다른 요소도 포함되어 있지만, 셰일오일의 개발로 원유의 선물 가격이 하락하는 것이 그런 경우다. 공업용 다이아몬드 대신 더욱 실용성이 높고 비용도 저렴한 인공 다이아몬드나 장식용 인조 다이아몬드가 나와도 천연 다이아몬드는 원래 실용 목적의 물건이 아니었으므로 가치가 내려가는 일이 없다. 금보다 뛰어난 귀금속이 쓰이게 되어도 금은 내려가지 않는다. 백금이 더 희소하고 실용상 가치가 훨씬 높아도 금의 가격은 무너지지 않고 백금보다 비싸다.

백금도 금융상품화했지만 리먼 사태 후, 자산 가격이 모두 폭락할 때 백금도 폭락해 버렸다. 하지만 금은 리스크 헤지 자산[4]으로 여겨져 오히려 상승했다. 그 후로 금은 모든 사람에게 자원이 아닌 화폐로 인식되었다.

하지만 이로 인해 금의 펀더멘털이 사라지고 말았다. 금융자산으로서의 가치가 너무 오르는 바람에 실용가치, 실물 가치, 펀더멘털로서의 가치가 사라져 버린 것이다. 게다가 금융상품으로서 금의 가치는 존재하지 않는 실물의 가치에 바탕을 두고 있었다. 실물이 존재하기 때문에 금융상품이 되었는데 말이다.

이것이 금융자산의 본질, 화폐의 본질이자 버블의 본질, 아니 이것이 바로 버블의 정체다.

그 후 가치가 사라진 금, 펀더멘털이 사라진 금은 실물 가치라는 제동장치를 잃고 버블로 부풀어 올랐다. 그리고 앞으로도 계속 부풀 것

---

4 앞으로 자산의 가치가 변함에 따라 발생할 위험이 없는 자산.

이다. 하지만 그렇기에 결국에는 붕괴할 리스크가 생겼으며, 금융자산으로서 가치를 잃어도 이상하지 않다.

이러한 의미에서 원유 선물가격의 마이너스 기록과 향후 금 폭락 리스크의 본질은 같다. 앞으로 금은 값이 너무 오른 것이 최대의 리스크가 될 것이며, 너무 올라버려 펀더멘털을 잃었으므로 어떤 사건을 계기로 내려가기 시작하면 바닥까지 내려갈 가능성이 있다.

가격이 오르는 것이 리스크

하지만 원유에는, 금과는 다른 의미로 '가격이 너무 높은 것이 리스크'라는 점에 관해서 '일반적인' 중요한 문제가 있다.

바로 너무 비싸져서 원유가 쓰이지 않게 되는 상황이다. 대체에너지로 바꿔버리면 원유는 더 이상 쓰이지 않게 될 것이고, 그렇게 되면 가격을 내려도 아무도 쓰지 않을 것이다. 즉 값이 매겨지지 않게 된다는 것이다.

검은 다이아몬드라고 불리며 가격이 너무 오른 석탄의 운명이 그렇다. '그렇게까지 비싸면 원유로 대체하지, 뭐'라고 생각하는 상황에 이른 것이다. 원유와 천연가스의 관계도 마찬가지다. 천연가스의 뛰어난 점은 많지만, 원유가 물 플러스알파 정도의 가격이라고 한다면, 채굴비용, 수송비용 등을 고려했을 때 천연가스는 이용 가치가 없다. 그러나 원유가 비싸지면 '그럴 거면 천연가스 쓰지'라고 하면서 파이프라인을 대량으로 설치하게 된다. 거액을 투자해야 하지만, 한번 투자한 다음부터는 한계비용이 낮아진다. 이제 비싼 원유를 쓸 이유가 사라져 수요가 천연가스로 옮겨 간다.

원유가 비싸지자, 지구 환경을 심각하게 오염시킨다는 이유로 지금까지 아무도 거들떠보지 않았던 셰일오일, 셰일가스에 이목이 쏠렸다. '매장량이 엄청나니 채산만 맞는다면.' 하면서 단숨에 개발이 진행되었고, 이로 인해 원유의 가격 붕괴가 일어났다. 셰일가스, 셰일오일은 한번 채굴하기 시작하면 일정 기간 멈출 수 없으므로 생산량 조정이 불가능하다. 물론 개발 속도는 유연하게 할 수 있다(오히려 자금조달 가능성에 연동하여 개발 속도가 달라진다). 하지만 결정적으로 이 두 가지 특성이 얽혀서 원유 가격의 폭락 속도가 빨라졌다.

앞으로 셰일가스, 셰일오일이 대량으로 시장에 나오면 중동이나 러시아의 원유 가격 조정 주도권은 사라질 것이다. 그렇게 되면 이 나라들은 재정파탄에 이르게 된다. 그러니 무슨 일이 있어도 셰일 개발을 이른 시일 내에 멈추려고 한다(이미 늦었는데).

중동이나 러시아는 셰일 개발을 멈추는 데 급급해서, 원유 가격이 하락하는 것을 방치하고 있었다. 그런데 코로나 위기로 원유 수요까지 증발하여 대폭락하고 만 것이다.

여기서 핵심은 실용성이 없고, 또 생산 공정이 (거의) 없는 금이나 다이아몬드와는 달리 원유는 배후에 산업이 있다는 점이다. 다시 말해 인간 사회가 존재한다는 사실이 도리어 폭락을 가져온 것이다. 금과 다이아몬드도 배후에 인간 사회가 존재하지만, 생산 공정이 없으므로 인간 사회가 전면에 등장함으로써 직접적인 욕망이 충돌하는 현상을 관찰할 수 있는데, 이것은 나중에 논하기로 한다.

산업구조를 결정짓는 것은 가격

한번 형성된 산업구조는 변화하기 힘들다. 그래서 유연하게 대응하지 못해 큰 문제를 일으킨다.

그러나 '모든 재화, 서비스에 생산, 공급 과정이 있으니 모든 재화, 서비스의 배후에도 산업구조가 있지 않겠는가?', '산업구조가 문제를 일으킨다면 모든 재화, 서비스도 비정상적이 되지 않겠는가?' 하는 의문이 들 것이다.

바로 그렇다. 모든 재화, 서비스의 배후에는 산업이 있고, 산업구조가 고정화되어 존재한다. 그것이 모든 재화, 서비스를 비정상적으로 만든다.

내가 대학에 입학했을 때, 미시경제학 교재에 다음과 같은 예가 있었다. 도쿄의 부촌인 아오야마의 테니스코트 이용료는 1시간에 5,000엔, 다마강 가에 있는 테니스코트는 1시간에 300엔이었다. 왜 가격이 이렇게나 차이가 날까.

교재의 저자는 전형적인 오답을 제시했다.

"아오야마는 토지 가격이 비싸지만 강가는 공짜에 가까울 정도로 싸니까. 여러분 모두 이렇게 생각하지 않았나요?"

그러고는 곧바로 정답을 내놓았다.

"틀렸습니다. 가격은 비용으로 정해지는 것이 아니라 수요로 정해집니다. 테니스코트 주인은 이익을 최대화하기 위해 가격을 설정합니다. 그 결과가 5,000엔입니다. 1시간에 5,000엔을 받아도 쓰는 사람이 있으니까요."

이 설명은 물론 옳다. 다만 거기서 한발 더 나아가지 않았을 뿐이다. 그 이야기를 하지 않고 물과 다이아몬드의 예 등으로 이어지는 것이 교과서의 전형이다. 하지만 이야기하지 않은 '그것'이 중요하다.

조금 더 상급 교과서에는 '그것'이 나온다. 아오야마의 테니스코트는 인기가 많아서 예약할 수 없다. 어떻게 될까. 테니스코트 주인은 틀림없이 값을 올릴 것이다. 1시간에 1만 엔으로 올릴 수도 있다. 예약이 항상 가득 차 있지만, 예약할 수 없을 정도는 아닌 수준으로 설정한다. 이것이 시장의 가격 메커니즘으로, 이렇게 해서 수요와 공급이 균형을 이룬다.

하지만 마지막 부분, "수요와 공급이 균형을 이룬다."는 말은 틀렸다. 왜냐하면 공급자가 등장하지 않았기 때문이다. 등장한 것은 테니스코트를 쓰고 싶어 하는 동호회나 부자들 같은 수요자뿐이다. 그들이 내도 좋다고 생각하는 가격이 있는데, 그 가격이 수요 곡선이 된다는 설명이다. 하지만 사실은 틀렸다. 아오야마의 테니스코트 산업에 진입하는 기업의 존재가 빠져 있기 때문이다. 테니스코트를 예로 든 것은 신규 진입이라는 공급 측면을 생각하지 않아도 되기 때문이다. 토지는 새롭게 만들어낼 수 없고, 테니스코트에 사용할 수 있는 공터도 남아 있지 않으므로 수요 측면만 생각하면 된다. 따라서 테니스코트의 예가 이해하기 쉽다.

이해하기는 쉽지만 엉터리다. 반드시 배후에 산업이 존재한다. 만에 하나 테니스 붐이 일어나면 어떻게 될까. 1시간에 10만 엔을 받는데도 예약이 가득 차면 어떻게 될까. 아오야마 전체의 주차장이 테니스코트가 될 것이다. 빌딩도 허물어서 테니스코트로 만들지도 모른다. 인근에 있는 오모테산도도 온통 테니스코트가 될 수도 있다. 배후에 산업이 있다는 말은 이런 것이다.

골프에서 이와 비슷한 일이 일어났다. 지바현 산림의 나무를 모두 베어서 골프장으로 바꿀 기세였다. 도쿄 도심에서 가까운 골프장 회원권 가격이 폭등했고, 그러자 조금 더 외진 곳에도 많은 골프장이 개발되었다.

그러나 지금은 명문 골프장조차 이용료가 내려갔다. 회원권은 폭락하다가 조금 회복했지만 최근에 다시 내려갔다. 2000년대에 많은 골프장이 파산했고, 새로운 시스템으로 운영되면서 가격 수준이 혁명적으로 바뀌었다.

이것은 공급 측 산업구조가 가장 단순한 경우다. 공급은 항상 만들어지고, 나아가 그것은 한번 만들어지면 고정된다. 그러나 붕괴하면 골프장처럼 그때까지의 가격은 무의미해진다.

여기서 가장 중요한 것은 가격 수준이다.

버블 때는 골프장의 회원권 가격이 왜 그렇게까지 올라갔을까. 단지 '버블이었으니까.' 하는 말로는 모두 설명이 되지 않는다. 본질은 가격 수준의 개념이 한번 자리 잡으면 산업이 그것을 전제로 움직인다는 점이다. 고가네이[5]에서 3억 엔을 받을 수 있다면 나라시노[6]에서는 2억 엔을 받을 수 있을 것이다. 나라시노에서 2억 엔을 받을 수 있다면 이치하라[7]에서는 1억 엔이면 될 것이다. 그렇게 되자 1억 엔으로 회원권을 팔 수 있다는 전제하에 산업이 움직이기 시작했다. 소비자가 가진 가격 이미지가 공급 측 기준점이 되고 그것을 전제로 산업구조가 형성된 것이다.

하지만 1억 엔이라는 것은 단지 소비자 측에서 만들어진 고정관념이다. 근거는 없다. 그래서 한번 파괴되면 타당한 가격 수준이라는 기준점이 없기 때문에 가격이 곤두박질치고 만다.

가격 설정 혼란이 가져온 것

골프장만 그런 것은 아니다. 1990년까지는 이자카야 코스 요리가 1인당 3,000엔부터였다. 조금 괜찮다 싶은 곳은 5,000엔부터였다. 학생이 이자카야에서 술을 마셔도 1인당 3,000엔은 있어야 했다. 미팅이라도 하면 5,000엔짜리는 가야 했다. 데이트할 때 프랑스 요리 풀코스

---

5 도쿄 중앙부의 주택·학원 도시.
6 지바현 도쿄 만에 있는 도시.
7 지바현 중앙부에 있는 신흥 공업도시.

를 먹으러 가면 1인당 최하 2만 엔이었다. 보통은 3만 엔에서 5만 엔 정도였다. 이를 전제로 모든 구조가 완성되어 갔다. 프랑스 요리에 들어가는 재료가 정해져 있으므로, 요리사 실력은 상관없었다. 그저 고급 식재료로 만든 음식을 내놓는 가게만 늘어갔다.

버블 시대의 예이긴 하지만, 사실 세상 모든 것들의 가격과 배후에 있는 산업구조의 관계는 똑같다. 소비자가 한번 가격 수준에 고정관념을 형성하면 그것을 전제로 산업구조가 형성된다. 그리고 발전한다. 한번 정착된 산업구조는 여간해서는 바꿀 수 없다. 그러므로 고비용 구조가 된다.

방송국도 마찬가지다. 일본에서는 으레 출연자에게 콜밴을 제공한다. 분장실에는 담당 AD가 있다. 카메라는 세 대로, 방송국 전용 고가품이다. 조작할 수 있는 카메라맨이 한정되어 있으므로 인건비가 불어난다.

이러한 구조가 완성되어 있으므로 갑자기 광고 수입이 끊겨도 대처할 방법이 없다. 출연료를 5,000엔까지 깎고 콜밴은 그대로 제공하는 프로그램도 있다. 콜밴을 제공하지 않고 그만큼 출연료를 늘려주면 될 텐데, 출연자가 지각하거나 일정을 까먹지 않도록 반드시 콜밴을 붙인다. 심한 경우, 출근할 때만 콜밴을 붙이고, 퇴근할 때는 알아서 가라고 하기도 한다. 어쨌든 제시간에 촬영 장소에 도착하게 하는 구조가 자리 잡았기 때문에 비용은 내려가지 않는다.

인터넷 방송은 가정용 카메라로 아무나 촬영할 수 있어서 비용을 자유자재로 조정할 수 있다. 게다가 여러 비용(리스크도)을 아끼기 위해 출연자가 자택에서 전부 ZOOM이나 스카이프로 촬영하므로 비용은 더욱 격감한다.

의류도 그렇다. 정장 한 벌이 10만 엔으로 정해지면 그것을 전제로 유통 구조가 결정된다. 유통과정에 회사가 몇 개나 끼어 있는 것은 10만 엔이라는 가격이 정해져 있기 때문이다. 그리고 한번 정해지면 유니클로 같은 SPASpecialty store retailer of Private label Apparel[8]가 나올 때까지 바뀌지 않는다. 나온다 해도 구조를 바꾸지 못하면 도산한다.

일본 최후의 보루인 자동차도 그럴 것이다. 지금까지는 제조 공정이 복잡하다는 전제하에 하청 구조가 있었고, 상당한 인건비가 투입됐다. 그러나 자동차의 최종 가격이 극적으로 바뀌는 상황, 즉 사용자가 타지 않게 되면 자동차의 가치는 급격히 저하될 것이다. 그리고 패션으로서의 자동차 이외의 차들은 대도시에서는 볼 수 없게 되어 소멸할 것이다.

구조적으로 비싼 가격이 완성된 후에 소비자 측이 변덕을 부리거나 혹은 어떤 위기에 의해 가격 수준이 변하면 손쓸 새도 없이 붕괴하고 만다. 그러므로 버블이다.

이와 '반대'의 예도 의미가 깊다.

일본의 국민 외식 메뉴인 소고기덮밥 가격이 280엔이던 시대가 있

---

8 기획부터 생산. 유통까지 한 회사가 일괄 진행하는 의류 브랜드.

었다. 요시노야[9]가 철저한 효율화를 앞세워 압도적으로 저렴한 가격과 맛이라는 두 마리 토끼를 모두 잡아 다른 소고기덮밥 체인점을 제치고 앞서나갔다. 하지만 광우병 사태가 일어나 효율화의 열쇠인 미국산 소고기를 수입할 수 없게 되면서 이 모델은 무너졌다. 사실은 그 전부터 무너지고 있었다.

왜냐하면 280엔이 아니면 성립할 수 없는 비즈니스 모델이었기 때문이다. 점원의 동작은 철저히 효율화되어, 1초의 낭비도 허용하지 않았다. 손님도 속도와 맛과 가격을 철저하게 따지는 중년 직장인으로 넘쳐났다. 아무 대화도 나누지 않고 먹기만 하고 자리를 비워 손님 회전이 엄청 빨랐다. 소고기덮밥 이외의 메뉴는 매력 차이가 너무 커서 아무도 시키지 않았다. 그러므로 재료 준비 과정에서 철저하게 소고기덮밥에만 집중하는 생산 시스템이 만들어졌다.

하지만 만일 280엔의 전제가 무너진다면 어떻게 될까.

모든 것이 무너진다.

그런데 요시노야는 이 사실을 알아차리지 못했다.

너무 많이 팔리는 것에서 모든 것이 시작됐다. 280엔짜리 맛있는 소고기덮밥이 너무 인기를 끄는 바람에 요시노야도 전혀 생각하지 못했던 품절이 속출했다. 소고기덮밥만으로 가게가 돌아갔는데 품절이 발생하고 만 것이다. 당시 요시노야의 아베 사장은 크게 후회했다고 했지만, 왠지 자신감이 넘쳐 보였다.

---

9 일본의 대형 음식 프랜차이즈.

그러나 철저히 반성했어야 했다. 아니, 반성해도 이미 늦었을 때였다.

그래서 가격을 330엔으로 올렸다. 280엔도 괜찮았지만 품절을 막기 위해 가격을 인상했다. 그때부터 모든 것이 무너지기 시작했다.

280엔이라는 가격을 잊지 못한 손님들은 330엔이 비싸다고 생각하게 되었다. 280엔 할인 행사를 하자 긴 대기 줄이 생겼지만, 행사가 끝나 330엔으로 돌아가니 발길이 뚝 끊겼다. 이런 와중에 광우병 사태가 터진 것이다. 그 후 여러모로 궁리했지만, 요시노야의 전성기는 돌아오지 않았다. 다른 소고기덮밥 체인점, 햄버거, 메밀국수, 저렴한 중국 음식 체인점, 편의점, 모든 업태에 손님을 빼앗겼다.

맥도날드에도 비슷한 일이 있었다. 1998년 이후 일본 경제가 불황에 빠졌을 때 맥도날드는 햄버거 가격을 65엔으로 내렸다. 그 후로도 평일 한정으로 65엔을 자주 내세웠는데, 그로 인해 판매에 혼선을 빚자 80엔으로 올렸다가 59엔으로 내리는 등 가격 설정이 혼란의 극치를 달렸다. 당시 경영자의 개인적인 인센티브 때문에 일어난 일이었는데, 그 후 15년에서 20년 동안 계속되었다. 결국 사람들은 햄버거를 거들떠보지도 않게 되었고, 맥도날드는 햄버거를 버리고 200엔 이상의 가격을 매겨도 팔리는 상품, 판매 모델로 전환함으로써 겨우 회복했다.

지금 햄버거는 100엔 맥이라는 흔적으로(소비세를 포함하면 110엔이지만) 주의해서 보지 않으면 찾을 수 없을 만큼 메뉴판에서 거의 보이지 않는 자리에 남아 있고, 주문하는 사람도 거의 없다. 맥도날드의 햄버거는 거의 사라진 것이다.

가격은 대부분 버블

다시 원유로 돌아가 보자. 원유가 1배럴당 100달러를 넘어 그 후로도 70달러에서 80달러 선에서 안정적으로 움직이면 그 가격을 전제로 산업구조가 형성된다. 하지만 가격이 한번 무너지면 대처할 수 없으므로 바닥까지 떨어져서 1배럴당 20달러에서 30달러 안팎으로 정착하게 된다.

한번 20달러에서 30달러 사이로 정착하면 어떻게 될까. 더욱이 이번처럼 20달러 선이 자주 무너지게 되면 어떻게 될까. 다시는 50달러 시절로 돌아가기 어려워진다. 50달러를 넘으면 원유의 소비자 측은 다른 수단을 강구하게 될 수도 있다.

다시 말해 가격이 너무 높거나 낮으면, 폭등하거나 폭락하면 산업 측이 대처할 수 없으므로 원유 자체를 이용하지 않게 될 가능성이 크다. 게다가 우연히 매겨진 가격이므로 어떤 사건이나 위기가 발생하면 그 가격을 유지하기 어려워져 대혼란에 빠질 가능성이 크다.

원유 같은 필수품조차도 이러할진대 소고기덮밥이나 햄버거 등 대체 가능한 상품은 어떻겠는가. 그리고 세상 대부분의 재화와 서비스는 어떻게든 대체할 수 있으므로 가격이 무너지면 그 상품은 바로 사라지고 만다.

정리하자면 자산 가격은 모두 버블로, 실물을 근거로 한 금융자산의 가격은 물론, 자원 같은 실물의 가격도 버블이다. 금융상품과는 무관한 대부분의 재화와 서비스 가격도 사실은 버블이다. 어쩌다 정해진 가격에 맞춰서 생산구조, 산업구조가 형성되고 수요 구조도 정해진다. 그리고 그것이 한번 무너지면 그 상품, 산업 자체가 사라지게 된다.

이렇게 생각하다 보면, 코로나 위기로 주가, 원유 가격뿐만 아니라 세상 모든 것들의 가격과 모든 산업구조가 변화하여 세상이 크게 변할 것처럼 느껴진다.

정말 그럴까.

정말이라면 그것은 어떤 영역, 어떤 산업, 어떤 상품에서 일어날까. '무사'한 곳이 있을까. 버블 없는 재화, 서비스는 과연 존재하는가. 그것은 대체 어떤 것일까.

코로나 이후의 시장, 경제, 사회에 대해서는 제6장에서 새롭게 논하기로 한다.

제4장

새로운 차원의
금융정책이 필요하다

양적 완화는 시대착오

전무후무한 경제 대책

2020년 6월 12일, 일본에서는 제2차 추경 예산안이 가결되었다. 일본 정부는 코로나 대책 예산으로 사업 규모 117조 엔(약 1,208조 원)의 대책을 발표했다. 제1차 추경 예산에서도 사업 규모 117조 엔의 대책을 내놓았으니 아베 총리가 스스로 '공전절후'한 경제 대책이라고 이름 붙인 것도 허풍만은 아니었다.

사업 규모를 부풀려 보였다고는 하나, 직접 지출을 수반하는 부분에서도 본예산과 제1차 추경을 합치면 61.6조 엔으로 막대한 규모의 재정 투입이다. 결과적으로 본예산, 제1차 추경, 제2차 추경을 합쳐 2020년도 국가 세출이 160조 엔을 넘었는데, 2019년도 세출이 처음으로 100조 엔을 넘어 101조 엔을 기록했을 때 한바탕 시끄러웠을 정도이니 전대미문임은 틀림이 없다.

하지만 이러한 재정 투입은 필요 없다.

필요 없을 뿐만 아니라 일본을 파멸로 몰아넣는 최악의 재정 투입이다.

왜냐하면 거시 경제 전체로 볼 때 코로나 위기로 인한 수요 부족이 문제가 아니기 때문이다.

이유는 세 가지다.

첫째, 스톡은 아무것도 손상되지 않았다. 동일본대지진과 달리 물리적인 시설, 농지 등 스톡 자산, 생산요소가 되는 자본은 아무것도 망가지지 않았다. 생산하려고 마음먹으면 바로 생산할 수 있다. 따라서 공급 제약도 없고 경제 전체의 인플레는 일어나지 않는다.

둘째, 금융자산도 잃지 않았다. 버블에 올라타 쓸데없는 투자를 한 일도, 불필요한 소비를 한 일도 없다. 그러므로 금융자산은 남아 있다. 주가는 한때 폭락했지만 코로나 위기 이전의 수준을 웃돌며 미국 다우, 나스닥은 사상 최고치를 경신했다.

셋째, 가장 중요한 것은 금융기관이 직접 피해를 보지 않았다는 점이다. 앞으로 개별 기업 도산 등의 이유로 대출 채권이 악성이 될 가능성은 있지만, 금융기관이 버블에 투자하여 자본을 훼손한 것은 아니므로, 대출 기피로 인해 코로나 위기로 직접 영향을 받지 않은 부문에 불황이 덮칠 가능성은 없다.

생산 쪽을 보자. 이쪽도 아무것도 잃지 않았다. 이것이야말로 불황 위기에서 전대미문의 사건이다. 앞에서 이야기했듯이 생산설비는 아무것도 망가지지 않았다. 금융자본도 생산자본이므로 이쪽도 손상되지 않았다. 그러므로 아무것도 달라지지 않았다.

다시 말해 수요, 공급 모두 아무것도 다치지 않았다. 따라서 평소의 경제로 돌아올 것이 분명하다. 그것도 빠른 시간 안에 돌아올 것이다.

불요불급은 불요

하지만 사람들은 이렇게 생각하지 않는다.

왜 그럴까.

사람들은 무언가를 지나치게 우려하고, 나는 그것을 경시하기 때문이다.

사람들은 불안 심리 때문에 행동을 제약한다. 그래서 소비가 줄면 생산도 제약이 생긴다. 코로나 초반, 트라우마가 가장 심한 것이 총리 관저이고 다음이 소비자였다. 생산 측은 트라우마는 없었지만 소비자가 언제까지 불안해할지가 불안해서 적극적으로 나서지 못했다.

거리 두기가 문제가 될까? 전체적으로 보면 공급 측 걱정은 없다. 공장에서는 작업자 간 간격을 넓히면 되고, 수용 인원이 줄어드는 식당 문제는 일부 특정 분야의 일이다. 하지만 불안해하는 소비자가 어떻게 행동할지는 읽을 수 없어서 불안한 것이다. 그뿐이다.

따라서 경제 대책은 사람들의 불안 심리를 어떻게 파악하고 변화를 어떻게 예측할 것이냐에 따라 달라진다. 이것이야말로 재정을 논하는 데 전제 조건으로 가장 중요한 요소다. 이에 나의 견해를 간단하게 밝혀둔다.

사람들은 잊지 않는 것과 잊는 것이 있다. 코로나의 공포는 눈에 보이지 않는 불편한 공포로, 미지와 오해와 세상 분위기에 크게 휘둘린다. 따라서 나는 사람들이 많은 것들을 잊어버리고, 단지 불편하다는 이유로 코로나는 끝났다고 여기게 될 것이며, 실제로 그렇게 행동하게 될 것으로 예상한다. 따라서 쇼핑, 외식, 오락은 대체로 회복될 것이다. 사람들은 불편을 견디지 못할 것이 분명하다.

한편 코로나 이후 사람들은 불요불급한 것의 소비를 자제하면서, 그동안 필요하다고 여겨왔던 것들이 사실은 불필요하다는 사실을 깨닫는 경우도 많을 것이다. 앞으로 해외여행은 일부 사람들을 제외하고는 웬만해서는 가지 않을 것이며, 주변 관광이 중심이 될 것이다. 나아가 관광이라는 것 자체가 불필요하게 느껴져서 체험과 놀이로 충분해질 것이다. 오히려 체험과 놀이를 훨씬 즐길 것이다. 놀이공원에 사람들이 물밀듯 몰려들고 조금 지나면 온천에도 돌아오겠지만, 이른바 관광은 매우 감소할 것이다.

야간 업소도 파친코와 마찬가지로 중독된 사람들에게는 필수품이므로 돌아오는 수요가 많겠지만, 따라갔거나 별생각 없이 가던 사람은 가지 않게 될 것이다. 예를 들어 유흥업소는 혼자 다니는 수요가 사라지지 않고 오히려 폭증하겠지만, 다 함께 마시러 가는 수요는 급감하고 가족끼리, 혹은 적은 인원수의 술자리 등으로 대체될 것이다.

요컨대 평소로 돌아오는 곳은 원활하게 회복되고, 돌아오지 않는 곳은 무슨 수를 써도 회복되지 않는 소비 스타일이 될 것이다.

기업이 아닌 사람을 지킨다

자, 그렇게 되면 어떤 경제 대책이 필요할까.

우선 휴업 보상을 살펴보자. 재개해도 매출이 급감한 채로 있는 중소기업에 주는, 매출 보전을 위한 다양한 현금 지원 조치는 어떻게 해야 할까. 이것은 불필요하며, 전혀 도움이 되지 않으므로 전면 폐지해야 옳다.

왜냐하면 긴급사태 선언이 해제되어도 매출이 회복되지 않는 사업은 시간이 지나도 크게 회복되지 않을 것이기 때문이다. 앞에서 이야기한 대로 소비자 행동의 변화로 사업이 힘들어지기도 했겠지만, 대다수는 구조적으로 소비자를 사로잡지 못하여 힘든 상황으로 내몰리고 있던 중 코로나 위기가 매출 급감에 쐐기를 박은 것이다.

이런 사업은 어떻게 해도 매출이 회복되지 않는다. 냉정하다고 아무리 목소리를 높여도 어쩔 수 없다. 이런 사업에 지원하는 것은 낭비다. 지켜야 할 것은 지속 불가능한 사업이 아니라 그곳에서 일하는 사람이다. 경영자든 직원이든 그들의 생활을 지켜야 한다. 다음 취업 기회를 도와야 한다. 따라서 실업급여를 강화해야 한다.

한편 지속화 지원금[1]은 즉시 종료한다. 지속성 없는 사업에 지속화 지원금은 필요 없다. 대신 자금조달 지원 대출을 늘린다. 변제 기한은 가능한 한도에서 연장하지만, 변제 면제는 하지 않는다. 계속할 수 있

---

1 코로나 위기로 매출이 급감한 중소업체, 자영업자 등에 주는 최대 200만 엔의 긴급 자금.

고, 계속할 힘이 있는 사업과 경영자를 철저하게 지원하고 그렇지 않은 경영자는 물러나게 한다.

실제로 도쿄상공회의소 조사 데이터에 따르면 코로나 영향으로 도산한 기업은 2020년 5월 29일까지 192개 회사에 불과하다. 한편 2019년의 휴·폐업, 도산 합계는 약 4만 건이었는데 2020년 중반에는 약 5만 건으로 증가 추이를 보였다. 그리고 2019년의 휴·폐업과 청산한 기업의 대표자는 84%가 60세 이상, 39%가 70대였다. 도쿄상공회의소 조사에 따르면 2020년의 휴·폐업 및 청산 이유의 대부분이, 코로나가 고령화된 경영자의 폐업 결단에 힘을 보탠 것으로 분석하고 있다.

2020년 5월 31일 자 〈일본경제신문〉 인터뷰에서 한 변호사가 "고령 경영자는 차입하거나 보증 대출을 받아도 갚을 일이 걱정되어 사업을 계속할 의욕이 없다. 디지털화도 어려워한다."라는 내용이 실렸다. 도쿄상공회의소의 조사는 "코로나가 가져온 변화에 대응하기 위해서는 투자가 필요한데, 약해진 중소기업은 이것이 불가능하다."라고 분석한다.

이렇듯 코로나 위기 이후의 폐업이라고 해도 원래 폐업하려고 했던 기업의 결단이 빨라진 경우가 대부분으로, 어차피 지속화 지원금이 끊기고 난 뒤에 폐업할 거라면 지속화 지원금은 의미가 없으므로, 그 예산을 돌려서 실업급여를 강화하고 의욕 있는 기업에 지원해야 한다.

정리해 보자. 거시적으로 수요 환기 대책은 불필요하다. 지속화 지원금도 불필요하다. 기업, 산업, 비즈니스 모델의 신진대사를 촉진하는 정책을 최우선으로 펼쳐야 한다. 무리하게 지원금을 주기보다 의욕 있는, 스스로 변화하는, 시대에 발맞추는, 의욕 있는 경영자가 이끄는 기업을 철저하게 대출로 지원하는 정책에 자금을 집중해야 한다.

약한 중소기업에 대해서는 기업이 아니라 일하는 사람을 구하는 것을 기본 방침으로 삼아야 한다.

대기업이 아닌, 사람과 경제를 지킨다

관광업 등 코로나 불황에 직면한 업종별 대응, 즉 산업정책은 어떻게 해야 할까.

이것도 중소기업 대책과 접근법이 동일하다. 행동 제약을 하지 않아도 수요가 생기지 않는다면 그건 일시적 위축이 아니라 새로운 현실이다. 만일 위축이라면 일시적이 아니라 장기적으로 지속될 것이다. 따라서 관광 소비를 자극하는 보조금, 지원금은 낭비이니 중지해야 한다.

관광업에서 살아남는 것은 새로운 현실(사실은 21세기 감염병의 진실과 진정한 소비의 가치를 깨달은 것뿐이지만)에 대처할 수 있는 기업뿐인데, 이러한 기업은 계속 지원해야 한다. 금전적으로는 대출 지원을 중심으로 하는데, 인재 육성 보조금 등도 미시적인 정책으로는 효과적일 것이다. 자금과 사람을, 의욕이 있고 또 진정으로 사람들에게 필요한 서비스를 제공할 수 있는 경영자에게 집중한다.

대기업은 어떨까.

미국에서는 대기업의 도산이 이어지고 있다. 셰일오일, 셰일가스 관런 기업은 원래 심각한 상황이었는데, 원유 가격이 급락하고 리스크가 높은 대출업체에서 거액을 이용한 탓으로 대출 갈아타기로 자금 조달을 하지 못해 파산한 중견기업이 많다. 화이팅 패트롤리엄Whiting Petroleum이라는 대기업도 2020년 4월에 파산했다.

그리고 고급 백화점 니만 마커스, 백화점 체인 JC페니, 의류 대기업 제이크루와 브룩스 브라더스, 렌트카 대기업 허츠도 파산했다. 또 항공기 제조업체인 보잉과 항공사들이 모두 위기에 빠졌다. 저명한 투자가 워런 버핏이 이끄는 미국의 버크셔 해서웨이는 주가 폭락을 기회로 보고 2020년 2월에 델타항공의 주식을 사들였으나, 같은 해 5월 초의 주주총회에서 델타항공을 비롯한 미국 대형 항공사 4개사의 주식을 모두 매각했다고 발표했다.

일본에서도 의류 대기업 레나운이 파산 신청했다. 일본의 의류업계, 백화점 등도 심각한 가운데 일본의 항공사인 ANA는 거액의 자금조달로 분주하다.

일본에서 대기업 지원은 어떻게 해야 할까.

결론부터 말하자면 자금조달 지원은 최대한으로 한다. 한편 실업을 내지 않고 기업 자체가 해결하게 하는 휴업 보상 방식이 아니라, 실업 대책을 철저히 준비하여 구조조정이나 파산이 도래할 때를 대비해야 할 것이다.

미국이나 일본이나 대기업의 도산은 구조 불황에 의한 것으로, 코로나 위기는 계기에 지나지 않았다는 것이 중소기업의 경우보다 더욱 선명하게 드러난다.

대기업에서 헤쳐나가지 못하는 분야는 앞으로도 쇠퇴 또는 침체할 분야이거나, 이미 한계에 다다라 확대가 불가능한 업종이다. 따라서 일시적으로 고용을 유지한다고 하더라도 구조조정은 시간문제일 뿐이다. 따라서 기업에만 맡기지 말고, 새로운 산업과 기업으로의 이전을 촉진해야 한다.

다만 개별 기업 자체의 사정과 전망이 있으므로 고비를 잘 넘기고 앞으로 확대 노선을 취할 것이라는 결단을 내린 기업에는 전폭적으로 지원해야 한다. 고용조정 조성금 같은, 고용에 한정된 지원이 아니라 은행으로부터 금융 지원을 최대한 두텁게 함으로써 기업의 자금 지출을 고정화하지 말아야 한다. 미래를 위해 유연한 전략적 의사결정을 지원하기 위해서다.

코로나 이전의 관광은 버블이었다

개별 산업 가운데 코로나 위기로 가장 큰 영향을 받았고, 앞으로도 계속 받을 곳은 항공산업이다. 항공산업 구제는 항상 어려운 문제다. 항공산업은 교통 인프라로, 공공성이 높다. 하지만 경쟁이 심하고 특히 국제선은 대체 가능하다는 의미에서 개별 기업을 공적으로 구제할 필요성이 있는지 항상 도마 위에 오르는 분야다.

그러나 많은 항공사 파산의 근본적인 원인은 역시 개별 기업의 기존 경영 방식에 있다. 타이항공의 파산도 코로나는 결정적 쐐기에 지나지 않았으며, 아메리칸항공도 코로나와 관계없이 과거에 몇 번이나 파산을 거듭한 업체다. 그러므로 일본에서도 대기업 지원으로 접근하되, 어디까지나 민간 기업으로 취급해야 하며, 공공성을 고려한다고 하더라도 다른 대기업 지원과 달라서는 안 된다.

코로나 위기의 영향을 크게 받은 또 하나의 업계인 관광업에 관해서는 주의해야 할 점이 있다. 일본에서 아베노믹스의 경제성장 전략으로서 관광업을 주역으로 삼는 정책이 추진됐지만, 이에 따른 수요 급증은 대부분 버블이었다. 필요하지도 않고 급하지도 않은 여가로서의 놀이 말이다. 해외에서 불러들인, 붐에 편승한 관광객은 한번 경험하면 그걸로 만족하고 끝이다. 새로운 국제간의 이동 제한, 제약하에서는 관광이 많은 사람에게 불필요한 것으로 여겨져 예전과 같은 버블 관광객이 다시 돌아올 일은 없다. 관광이 아니라 일상으로 이어지는, 지역과 밀착한 체류, 유학, 이주를 중심으로 정책을 다시 생각할 때다.

이 논의는 관광업뿐 아니라 다른 분야에서도 중요하다. 왜냐하면 GDP 수준이 코로나 위기가 일어나기 전부터 낮아진 것으로 보이기 때문이다.

이유는 두 가지다. 첫째, 2012년부터 경기 확대가 7년 이상 이어지면서, 경기는 그야말로 정점을 찍고 내려오는 타이밍을 맞았다. 둘째, 금융완화로 인한 대규모 금융버블이 일어났고, 그 영향으로 실물경제도 버블처럼 지나치게 부풀어 올랐다.

이른바 싹쓸이 쇼핑이라는 것도 일시적 버블인데, 이 밖에도 지나친 엔저円低로 일본 제품이나 서비스 수요가 과다해진 분야가 많다. 이차원異次元 금융완화[2]로 금융시장에 자금이 흘러넘쳐, 비정상적인 저금리로 주식과 부동산이 버블이 되고, 그 여파로 소비도 늘었다. 이로 인해 실물경제도 실제 이상의 GDP 수준이 되었다. 버블로 인해 부풀어 오른 것을 경제성장이라고 한 것이다. 버블은 당연히 붕괴한다. 따라서 코로나 위기 이후, 경제가 평소 상태로 돌아가도 코로나 위기 전의 GDP 수준으로는 회복되지 않을 것이다.

문제는 이것을 코로나 위기로 인한 수요의 감소로 착각하여(확신에 차 그렇게 주장하여) GDP 수준을 코로나 위기 이전으로 돌리기 위한 수요 환기 정책을 대규모로 장기간 계속할 만한 정치적인 유인 요소가 존재한다는 점이다. 이 영향은 대대적이고 심각한데, 재정 투입으로 인해 경제가 과열되어 장기적인 경제 기반을 약화하게 된다.

정리하자면 현재 코로나 위기로 인한 수요 감소를 과대평가하여 경기 자극책, 수요 환기 정책이 장기에 걸쳐 대규모로 이어질 중대한 위기에 직면해 있다. 존재하지 않는 것을 좇으면서 경제를 가로막을 리스크가 높다.

---

2   일본 중앙은행의 금융완화 정책. 통화 확대를 통해 물가안정을 꾀했다.

금융정책의 근본적인 변경

지금까지 코로나 위기에 대한 경제 자극책, 거시 수요 환기 정책은 불필요하며 무효하다고 했다.

금융정책은 어떨까.

마찬가지다. 수요 자극책으로서의 금융정책은 불필요하다.

그렇다면 대신에 무엇을 해야 하는가.

장기국채를 사들이는 방법이 있는데, 이것도 본래는 불필요하다.

원래 국채 매입의 목적은 금리를 낮추는 것으로, 단기금리 조정을 위한 수단이다. 그러므로 전통적으로 전 세계 중앙은행은 장기국채 매입은 하지 않고, 초단기 콜시장[3]에서 금리 조정을 보조하기 위해 단기국채만 매입해 왔다.

그러나 리먼 사태 이후, 세계적으로 양적 완화가 장기국채의 매입을 의미하는 것으로 정착되고 말았다(2001년에 일본은행이 양적 완화를 시작했을 때의 '양'은 민간 은행의 일본은행에 대한 당좌예금의 양으로, 장기국채 매입과는 상관이 없었다).

다만 장기국채 매입은 실탄을 쏟아붓는 것이므로 현실 금융시장에서 보이는 효과는 강력하다. 게다가 민간투자 활동에 직접적인 영향을 미치는 것은 장기금리이므로, 이 부분에 직접 작용하게 된다. 따라서 장기국채를 매입하는 '양적 완화'는 단기금리를 조정하여 장기금리에

---

3 금융기관들 사이에 단기자금의 거래가 이루어지는 시장.

간접적인 영향을 주는 전통적인 금융정책을 초월하는 절대적 힘을 지녔다.

하지만 이 강력한 수단을 다 쓰고 만 일본은행은 장기금리를 직접 목표로 하여 금리 조정을 꾀하는 '수익률곡선[4] 관리yield curve control' 정책으로 이행했다. 이는 10년물 국채금리 0%를 목표로 하는 것으로, 더욱 직접적인 장기금리 하락 효과(앞으로 상승하는 경우도 있을 수 있으므로 정확한 용어로는 타깃 효과)를 거둘 수 있다.

사실 장기금리를 직접 목표로 하는 것은 장기국채 매입 목표액 설정과는 모순이 있었다. 매입액과 금리라는 두 가지 목표는 양립할 수 없기 때문이다. 이 모순은 이번 코로나 위기 대응책으로 매입액을 연간 80조 엔에서 무제한으로 변경함으로써 손쉽게 해소했다. 그 결과 지금은 10년물 국채의 이율을 0% 부근으로 유지한다는 목표와 장기국채의 매입액은 무제한으로 한다는 두 가지 장기국채에 관한 정책, 그리고 단기금리는 -0.1%라는 마이너스금리 정책의 세 가지가 축을 이룬다.

이것을 앞으로 어떻게 해야 할까. 나는 다음과 같이 제안한다.

기본적인 사고방식을 바꿔야 한다. 금융정책의 목표를 양, 금리가 아닌 '리스크'로 설정한다. 리스크를 줄이는 것을 새로운 목표로 설정하는 것이다.

그렇게 하려면 구체적으로 어떻게 해야 할까.

---

4 수익률의 기간구조를 나타내기 위해 이자율과 시간의 관계를 나타낸 곡선.

먼저 마이너스금리는 무용지물이므로 폐지한다. 향후 금융기관 최대의 리스크는 직접이든 간접이든 코로나 위기로 인해 불량 채권이 급증하는 것이다. 은행은 이에 대비하여 자본을 두텁게 할 필요가 있는데, 마이너스금리는 해로울 뿐이다. 그동안 효과가 없고 폐해만 있었으므로 이참에 폐지한다.

다음으로 장기금리 0% 부근이라는 목표는 유지한다.

이는 금융정책으로서 본질적인 의미를 가지는 장기금리를 직접 조정하는 것이므로 바꾸지 않는다. 미래에 대한 예상이 가장 불안정한 현재, 가장 중요한 장기금리의 목표를 변경하는 것은 적절하지 않으며 리스크를 높일 뿐이다.

한편 장기국채 매입액 무제한이라는 목표를 변경한다. '무제한'이 아니라 '양은 특정하지 않는다'로 변경한다. 언뜻 보면 똑같은 말 같지만 정책의 실질적인 의미가 달라진다. 이 표현을 바꾸지 않으면 일본은 파탄을 맞을 것이다. 금융정책을 비롯해 현재 일본에서 이루어지는 모든 경제정책 중에서 '무제한' 국채 매입이야말로 가장 리스크가 높은 것이기 때문이다.

부채의 화폐화는 이미 시작되었다

왜일까.

'무제한'이라는 말은 '액수를 특정하지 않는다'는 의미이지만, 전혀 다른 의미인 '무한'으로 오해를 살 수 있고, 또 호언장담하는 것으로 해석될 수 있기 때문이다.

부채의 화폐화debt monetization[5]는, 정부의 빚을 중앙은행이 직접 인수하는 것으로, 절대 해서는 안 될 일로 여겨져 왔다. 그러나 전 세계에서 이미 시작되었다. 인도네시아는 긴급조치를 내리면서 정부 국채를 중앙은행이 직접 인수하기로 한 사실을 인정했다. 다른 나라에서는 중앙은행이 부채의 화폐화가 아니라고 강조하면서도 실질적으로 인수하기 시작했다. 예를 들어 일본은행은 정부가 새로 발행하는 국채의 시장에서 원활한 거래가 이루어지도록 전력을 기울이겠다는 취지의 설명을 한다. 이게 부채의 화폐화가 아니고 무엇인가. 또 미국 FED의 국채 보유 잔액은 연방정부의 국채 발행액과 연동하여 급격히 늘고 있다. 미국과 일본이 부채의 화폐화를 하는 것은 누가 봐도 분명한데, 눈 가리고 아웅 하는 식이다.

문제는 이것이 장기간 지속될 것인지, 코로나 위기에 대한 긴급 피난으로 일시적인 것에 그칠지다.

미국은 부채의 화폐화여도 상관없으니 일단 전력을 기울여 매입하고, 타이밍이 오면 바로 멈춘다는 신축적인 스탠스를 취하고 있다.

한편 일본은 부채의 화폐화는 아니라고 적극 부인하면서 정부 정책에 따라 대량의 국채 매입을 계속해 왔을 뿐만 아니라 속도를 높여 확

---

5 정부가 발행한 국채를 중앙은행이 직접 사들이게 하고, 그 대신 화폐를 발행하게 해서 조달된 재원을 정부가 사용하는 일.

대해 왔다. 겉으로는 아닌 체하지만 최근 7년간 실질적으로 부채의 화폐화를 해온 것이다. 경기가 좋아졌을 때도 국채 보유 잔액을 계속 늘렸다.

이러한 과정을 보면 일본 정부는 미국 정부보다 재정 투입 규모가 작으므로 일본은행은, 부채의 화폐화가 맞다고 반쯤 인정한 미국 FED와 같은 자세를 취하지는 않을 것이다. 그러나, 아니, 그래서 더욱 조금씩 정부에 떠밀릴 가능성이 크다. 명확한 설명을 하지 않은 채 계속 부채의 화폐화가 아니라고 주장하면서 정부의 재정정책에 따라 무한으로 국채를 사들일 가능성도 있다.

실제로 세계적으로 의심받는 MMT Modern Monetary Theory[6]라는 경제 이론이 일본에서는 주목받고 있다. 설상가상으로 MMT를 확대해석해 인플레이션만 되지 않으면 재정적자는 얼마든지 늘어도 상관없으며, 인플레이션이 되지 않을 것이기 때문에 재정적자를 늘려야 한다는, 말도 안 되는 이론이 일본에는 만연하다. 그리고 이러한 이론이 힘을 얻는 분위기가 인터넷 논객(이런 것이 존재한다면)들 사이에서 보인다. 더구나 코로나 대책으로 무조건 돈을 뿌리라는 분위기여서 더욱 제동이 걸리지 않을 우려가 있다.

중앙은행이 재정정책에 납치되어 있는 상태다.

그 결과, 확실히 재정파탄이 일어나 일본 경제와 일본 사회는 진정

---

6 현대 화폐 이론. 정부가 통화를 독점하고 있으며, 납세와 저축을 위해 필요한 금융자산을 정부가 충분히 공급하지 않는 탓에 실업이 발생한다고 설명하는 비주류 거시 경제.

한 위기에 빠질 것이다. 이것이 현재 일본에서 가장 큰 리스크다. 이 리스크 시나리오는 실현을 코앞에 두고 있다.

손을 쓰기에는 이미 늦었지만, 마지막 희망을 걸고 '무제한' 국채 매입이라는 표현을 변경해야 한다. 국채 매입 방침으로 '무제한'이 아니라 '양은 특정하지 않는다'는 견해를 공식적으로 발표해야 한다. 이것이 현재 일본은행의 최우선 과제이자 유일하게 할 수 있는 일이다.

양의 세 가지 해로움

이 표현 변경은 논리적으로는 대단히 명쾌하다. 수익률곡선 관리에 의해 장기금리 0% 부근이라는 목표가 있으므로 양은 이에 따른 결과로 정해진다. 수치 목표는 억지다. 대략적인 선을 마련하는 것조차 모순이 생기므로 혼란에 빠질 리스크를 늘리게 된다. 수익률곡선 관리에 집중하겠다고 선언하면 그만이다.

"코로나 위기가 연쇄도산을 불러와 위기가 확대되면 어떻게 할 것인가?"라는 질문에도 "10년물 이율이 0%가 될 때까지 철저하게 사들이겠다."라고 대답하면 되는 일이다.

반박 질문도 있을 것이다. "지금까지도 그렇게 하지 않았는가. 그렇다면 거의 달라지는 게 없다는 건데, 그냥 현재와 달라지는 게 없다고 해도 되지 않겠는가?"

일본은행 총재가 진심 어린 대답을 하기는 어렵겠지만, 무제한 매입이라는 이미지를 지우고 부채의 화폐화는 하지 않을 것이라는 방침을 세우는 것이 중요하다.

다만 방침을 세우는 데 성공한다고 해도 정부의 요구나 여론(이코노미스트 포함) 압박에 의해 부채의 화폐화에 빠질 가능성도 충분히 있다. 안타깝지만 어쩔 수 없는 일이다. 무제한을 그대로 둔 채로는 저항할 수도 없고, 이치에 맞는 주장을 할 수도 없고, 그냥 부채의 화폐화에 빠지는 리스크 시나리오의 실현 가능성만 커질 것이다. 이 리스크를 조금이라도 낮추기 위해 '방침'이라는 방어벽을 다시 만들어야 한다.

여기서 더욱 이야기하고 싶은 것은 좀 더 이론적인 것이다.

'양적 완화'를 현실 정책으로서 그만둘 뿐만 아니라 이론적으로도 폐지해야 한다. 즉 금융정책에서 '양'이라는 개념을 지우는 것이다. '양적 완화' 및 '양'이라는 타깃 전체를 없애야 한다.

왜 그럴까.

틀렸기 때문이다.

경제학 교과서에는 금융정책을 논할 때 양을 타깃으로 한 내용은 나오지 않고, 금리에 관한 것만 나온다. 중앙은행의 금융정책은 금리를 올리고 내리는 것이다. 그리고 실물경제에 영향을 미치는 것은 금리뿐이다. 따라서 금융정책은 금리를 움직이는 정책이다.

일본은행이 2001년에 양적 완화를 발명하는 바람에 이야기가 복잡해졌는데, 이론적으로 틀렸으므로 이번 기회에 근본부터 모두 폐지해야 한다.

나의 주장은 수학적으로는 틀렸다고 할 것이다. 왜냐하면 수식만 보면, 수단이 금리든 돈의 양이든 자금 수급으로 금리가 결정된다면 금리를 조작변수이자 직접 타깃으로 하는 것과 자금량을 조작변수로 하여 금리를 타깃으로 하는 것이 같은 결과를 내기 때문이다. 그러나 좁은 의미에서 본 이론과 수식 모델상에서는 그렇지만, 현실의 금융시장과 금융정책 관계에서 보면 양을 조작변수이자 타깃으로 하는 것은 큰 해악을 초래한다.

양을 타깃으로 함으로써 생기는 해악은 세 가지가 있다.

첫째, 화폐수량설[7]이 맞아떨어지는 듯한 착각을 만든다.

실은 오히려 반대인데, 착각하게 만드는 것이 금융정책의 노림수 중 하나라고 경제학 교과서에 쓰여 있다. 즉, 금융완화를 한다고 해도 경제주체가 이것을 예상하여 행동을 바꾸므로 효과가 없다. 만일 효과가 있다면 경제주체가 화폐착각[8]에 빠져, 눈앞의 가격 변화에만 마음을 빼앗겨(예를 들면 임금 상승) 경제 전체의 물가수준이 올라 실질소득이 달라지지 않았다는 사실을 깨닫지 못하는 경우뿐이다. 다시 말해 화폐착각을 노리고 금융정책을 편다는 것은 논리적으로는 있을 수 있다.

그러나 현실에서는 해악만 끼칠 뿐이다. 시장과 경제에 리스크를 가져올 뿐인 정책이 되고 만다. 왜냐하면 착각을 일으키려고 해도 가능한지 여부가 불확실하며, 더욱 문제인 것은 일으키고자 하는 착각은 일으키지 못하고 일어나지 말아야 할 착각이 제어할 수 없을 정도로

7　화폐 공급량의 증감이 물가수준의 등락을 정비례적으로 변화시킨다고 하는 경제이론.

8　화폐 가치의 증감을 제대로 인식하지 못하는 상태.

일어날 가능성이 있기 때문이다.

단적인 예를 들자면 이異차원 완화에서는 실물경제에서 화폐착각을 일으켜 물가수준을 상승시키고자 했지만, 사람들의 소비 행동은 달라지지 않았다. 한편 자산시장에서는 착각이 일어날 필요가 없었지만, 양적 완화의 확대가 자금이 시장에 흘러넘치는 이미지를 팽배하게 하여 리스크자산 가격이 급상승했다.

주가와 지가를 올리기 위해 금융완화를 한 것이라면 성공한 셈이다. 그러나 물가를 통해 실물경제에 영향을 주고자 한 것이라면 실패다. 금융완화로 인해 자산 가격이 오르기 시작하면, 공급한 자금이 상승 흐름이 만들어진 리스크자산 시장으로 흘러들기 때문이다. 버블의 흐름이 만들어지고 나면 금융완화는 모두 버블을 키우는 쪽으로 향하니까.

성실한 중앙은행은 버블을 일으키지 않도록 노력할 것이므로 실패라는 말이다. 정부의 압력으로 주가 상승을 위해 금융정책을 단행한 것이라면 중앙은행으로서는 스스로 독립성을 포기한 것이며, 장차 금융정책에 화근을 남기는 일이므로 대실패라고 할 수 있다.

인플레는 일어나지 않고 일으킬 수도 없다

둘째, '기대에 작용'하는 접근은 위험하다는 점이다. 이 해악은 자산 버블 리스크와 관계가 있다. 기대에 접근하는 수법은 논리적으로도 바람직하지 않다. 시장의 현실, 정책운영의 관점에서 리스크가 너무나 크기 때문이다.

일본은행은 이異차원 완화를 통해 인플레이션 기대를 일으킴으로써 실물경제에서 인플레이션을 일으키고자 했다. 그러나 실제로는 인플레이션이 일어나기는커녕 인플레이션 기대조차 높이지 못했다. 전대미문으로 국채를 매입하고, 주식을 대량 매입했는데도 말이다.

이유는 간단하다. 일본은행은 물론 아무도 인플레이션 기대가 어떻게 일어나는지 몰랐기 때문이다. 중앙은행이 인플레이션을 일으키거나 혹은 인플레이션이 일어날 때까지 금융완화를 계속한다는 주문을 외면 사람들이 최면에 걸려 물가가 오른다고 믿을 거라고 일본은행은 믿고 있었던 모양이다. 구로다 하루히코 일본은행 총재뿐 아니라 미국의 저명한 경제학자들도 그랬으니 평범한 나로서는 놀랄 따름이었지만, 평범한 감각이 없는 사람들은 평범한 세계에서 무슨 일이 일어나는지 모를 것이다.

경제학자들, 식자들은 인플레이션의 생성 구조를 전혀 모른다. 거시적인 구조를 아무도 모르니 미시적으로 사는 각각의 경제주체는 더더욱 알 리가 없다. 각각의 경제주체는 어떻게 인플레이션이 일어나는지 모르니, 인플레이션 기대 등을 할 리가 없다. 각각의 경제주체가 스스로 어떻게 인플레이션에 대해 기대를 형성할지 모르니 외부에서 거시적으로 보는 학자들에게는 더욱 수수께끼다. 본인들도 모르고 학자들도 모르며 배경이 되는 구조도 모르고 아무것도 모르는 가운데 중앙은행이 "인플레이션을 일으키겠습니다!" 하고 선언하는 것은 정신 나간 짓이다. 그런데도 사람들이 중앙은행의 인플레이션 선언을 믿고 인플레이션이 일어날 것을 전제로 행동할 것이며, 나아가 그 행동이 인플레이션을 실제로 일으킬 거라고 생각하는 것은 문제가 있다.

기대에 작용하는 접근은 효과가 제로이며, 오히려 큰 마이너스 작용을 한다. 기대가 생기게 하면 사람들이 기대함으로써 혼란에 빠진다. 그리고 혼란을 틈타 요동치는 와중에 한몫 챙기려는 투기꾼들이 자산시장을 헤집어놓는다. 최악이다. 이異차원 양적 완화는 부작용이 따르고, 비용이 드는 정책인데 효과는 제로이며 최악이다. 그리고 나아가 투기꾼에 의한 자산시장의 불안정화라는 최대의 해악도 생기게 하여, 곱절로 나빠진다.

셋째, 양을 타깃으로 하는 것의 마지막 해악은 인플레이션이 최종 목표인 듯한 오해를 심어주는 것이다. 금리가 타깃이라면 금리를 조정하면 된다. 금리를 타깃으로 하는 것이 직접적인 목적이며, 수단을 가지고 있다는 점에서 아무 문제나 오해가 생기지 않는다.

하지만 국채 매입량을 타깃으로 하고, 그를 통해 금리 조정하는 것을 목표로 하면 빙빙 돌아가야 한다. 왜 굳이 그런 복잡한 방법을 택한 건지, 다른 목적이 있는 게 아닌가 하는 의심이 든다. 디플레이션 탈출, 물가상승이라는 것을 지나치게 강조하면서 국채 매입량을 타깃으로 해서 물가를 끌어올리는 것이 최종 목표인 듯한 이미지가 형성되는 큰 해악이 생겨난다.

언론이나 이코노미스트들도, 일본은행이 인플레를 일으킬 수 없다고 하는 점에서의 일본은행 비판에 이異차원 완화 초기 5년은 묻어버렸다. 그리고 구로다 총재 집권 2기가 되어서야 인플레이션을 일으키는 것은 "불가능", "꿈같은 이야기", "처음부터 허구" 등 저마다 표현은 다르지만 결국 인플레이션은 일으킬 수 없고, 일어나지 않으며, 중요하지 않다는 공감대를 형성했다. 그렇게 되자 양을 사들이는 것이 물가를 잡지 못하고 자산시장으로 돈이 흘러 들어가게 하는지에 주목하게 하여 주식시장 재료가 되는 효과로만 남게 됐다. 금융정책으로서는 전혀 의미가 없고, 자산 버블만 만들어놓은 꼴이 되어버린 것이다.

이와 마찬가지로 주식과 J-REIT부동산투자신탁 매입도 자산시장의 리스크를 늘리기만 하는 방법으로, 금융정책으로서는 잘못되었다. 일본은행의 설명으로는 리스크프리미엄[9]에 작용한다는 것인데, 목적이 물가안정이든 수요 환기든 주식시장의 리스크프리미엄에 작용한다 해도 의미는 없다. 실물경제는 움직이지 않는다. 왜냐하면 주식시장의 리스크프리미엄을 축소하면 실물경제에서 리스크가 높은 설비에 대한 투자, 새로운 사업 진입이 일어난다는 인과관계는 성립하지 않기 때문이다.

현실을 봐도 일본은행이 직접 주식을 매입함으로써 주가가 상승할 계기는 만들었지만, 이것이 실물경제에 어떻게 영향을 끼쳤는지에 관해서는 의견이 나뉜다.

이론적으로 따져보자. 먼저 개인투자가의 자본이득 혹은 주식 포함 이익에 따른 자산 효과로 개인 소비자가 늘어나는 경우가 있다. 그러

---

9 리스크자산의 기대수익이 무위험 채권의 수익을 초과하는 최소한의 금액.

나 나중에 주식가격이 하락하면 역자산 효과가 작용하게 되므로 결과적으로는 제자리다. 일본은행의 매입을 통해 주가를 끌어올리려면 영원히 계속 사야 하는데 이것은 불가능하다.

다음으로 기업의 투자가 적극적이 되는 효과가 있다. 다만 미국의 연구에서도 알 수 있듯이, 주가가 상승했을 때 실물의 설비투자를 늘리는 것은 주가와 설비투자가 기존부터 연동되어 있던 기업에 한정된다. 혹은 실물 투자를 위한 자금조달을 주로 주식으로 하는 기업에 한한다. 그러나 일본에는 이런 기업이 극히 적다. 거의 은행 차입이나 회사채 또는 자기 자금으로 조달한다.

유일하게 효과를 인정할 수 있는 분야는 M&A뿐이다. 주가가 높아지면 주식교환으로 기업인수가 쉬워지므로 더욱 적극적이 된다. 이것은 실물에 영향이 있었던 것으로 보인다. 하지만 일본 시장만 놓고 보면 실적이 점차 나빠지는 분위기로 인해 재빨리 해외 기업 인수로 돌아선 기업도 많이 볼 수 있으므로 일장일단이 있다고 할 수 있다.

새로운 차원의 금융완화

종합하자면 일본은행에 의한 주식 및 J-REIT 직접 매입은 자산시장의 가격을 끌어올리는 효과를 노리지 않는 한, 실물경제에 대한 정책으로는 의미가 없다. 하지만 주가 대책 정책으로는 단기적으로는 성공했다고 할 수 있다. 그러나 금융정책으로서는 상당히 의문이 남으며,

장기적으로는 리스크가 크다.

지금의 문제는 향후 언제 멈출 것인가다.

주식은 국채와 달리 만기가 없으므로 어딘가에 매각해야만 하기 때문에 언제 팔지가 가장 중요하다. 먼저, 언제 매입을 그만두어야 할지를 판단해야 한다.

지금밖에 없다.

국채 매입액의 양적 목표 철폐와 아울러, 주식도 양의 목표를 철폐하여 '양은 명시하지 않는다'로 해야 한다.

왜냐하면 주식 매입의 원래 목적은 '리스크프리미엄의 저하'를 촉진하는 데 있으므로, 양은 타깃으로서의 의미가 없기 때문이다. 이 관점에서 보면 국채 매입에서 '금리' 타깃과 매입액의 관계와, 주식 매입에서 리스크프리미엄과 매입액과의 관계는 병렬적이다. 즉 매입액 목표는 리스크프리미엄 수준의 목표와 양립할 수 없으며 모순이 생기게 된다. 따라서 주식 매입액의 목표를 떨어뜨리고 본래의 목적인 리스크프리미엄의 저하라는 직접적인 타깃에 집중한다.

다시 말해 리스크프리미엄이 높아지면 여기에 작용하도록 매입한다. 그 밖에는 사들이지 않는다. 이러한 주식 매입 규칙을 만들어야 한다.

그렇게 되면 폭락 때 최종 구매자가 되어, 그야말로 정부 펀드에 의한 PKO주가 유지 정책가 되지만, 리스크프리미엄을 낮춘다는 목적에서 본다면 8조 엔 매입이라는 '양'의 선을 설정하는 것보다는 훨씬 정론에 가깝다.

이제 일본은행의 금융정책은 크게 전환해야 한다.

'양'을 모두 폐지하는 것이다. '양적 완화'를 폐지하고 양적·질적 금융완화에서 일반적인 금융완화로 돌아오는 것이다. 양이라는 목표가 비정상적이므로 일부러 양적·질적이라고 해야만 했는데, 양이 없어지면 물론 질적으로 금융정책을 보게 되므로 '질적'이라는 말은 쓰지 않아도 되는, 불필요한 말이 된다.

바로 원점 회귀다. 그러나 21세기 일본은행의 정책 면에서는 대전환이다. 양을 버리고 금리라는 가격으로 돌아온다. 인플레이션, 물가는 지표이자 참고 사항에 지나지 않는다. 금리와 리스크프리미엄을 직접 타깃으로 한다.

이것이야말로 단순한 출구전략에 그치지 않는 '새로운 일상'의 금융시장과 경제에 대응하는 새로운 차원의 금융정책이다.

금융정책은 자산시장도 타깃으로

사실 새로운 차원이라고 한 것은 양에서 금리(가격)로 돌아가는 원점 회귀에 그치지 않는, 큰 전환이 있기 때문이다.

그것은 바로 자산시장을 금융정책의 직접 대상으로 하는 것이다.

지금까지 중앙은행들은 이를 조심스럽게 배제해 왔다.

일본은행은 리스크프리미엄을 낮추겠다고 주장하며 주식 매입을 정당화했다. 여기서 리스크프리미엄은, 겉으로는 실물경제의 설비투자 등 실물 투자에 관한 것이었다. 하지만 실제로는 주식시장의 리스크프리미엄을 낮출 뿐이었고, 처음부터 그것이 목적이었다고밖에 볼 수 없다. 즉, 주가를 끌어올리기 위한 금융정책이었던 것이다.

그리고 주가가 닛케이 평균 8,000엔이나 9,000엔 수준이라면 주식시장이 리스크 가격 매기는 데 기능부전이 생겼다고 할 수 있다. 또 대폭락 이후 요동치고 있다면 시장의 리스크프리미엄이 높아지고 있다는 것이니 금융시장의 안정화를 위해서라는 주장도 아슬아슬하게 말이 된다. 그러나 혼란도 없고 닛케이 평균이 2만 엔 안팎이나 그 이상인 상태에서는 주식 매입의 정당화가 전혀 불가능하며, 그 어떤 이치도 성립하지 않는다.

중앙은행의 역할로는 금융정책 이외에 금융시스템 안정이라는 또 하나의 기둥이 있다. 이를 통해 금융기관의 건전성 확보, 기능부전 해소, 또 금융시장의 안정성을 꾀한다. 금융위기 때는 이것이 최우선이다. 가장 중요하고 동적인 역할이다.

앞에서 이야기했듯이 미국 FED는 국채 등의 매입 프로그램을 '양적 완화'라고 부르지 않고 '대차대조표 정책'이라고 이름 붙였다. 중앙은행 자신의 자본을 이용하여 스스로 리스크를 지고 국채를 포함한 리스크자산을 사들이는 정책으로, 금융시스템의 안정을 위한 예외적인 위기 대응의 성격을 띠었다.

이번 코로나 위기에 대해 FED는 회사채를 대량 매입하겠다고 선언했다. 나아가 이전에는 트리플 B 이상의 투자 적격이 대상이었지만, 코로나 위기로 인해 투자 부적격으로 등급이 하락한 통칭 '타락천사 채권'까지 매입할 것임을 시사하여 금융시장 안정화를 꾀했다. 리스크 자산 시장인 채권시장에서 큰 리스크를 지고 매입을 단행하여 리스크 자산 시장에 직접 힘을 쓰고 있는데, 위기 대응이라는 명분을 충실하게 지키고 있다.

그러나 일본은행은 20세기 내내 애매한 이유로, 일본은행권 규칙[10] 하에 아주 신중하게 중앙은행으로서의 죄책감을 가지며 장기국채를 매입해 왔다. 그러나 이 제동장치를 푼 것이 이異차원 양적 완화로, 그로 인해 국채를 무제한으로 사들이는 길이 생겨버렸다(적어도 저지하는 것은 없어져 버렸다).

이것은 위기 대응을 위해서라면 '있을 수 있는 일이다'. 리먼 사태 이후, 혹은 일본에서는 1998년의 금융위기 후 금융시스템 안정을 위해 필요하다면 단기에 한정되는 것으로서 이해할 수 있었다.

그러나 이異차원 양적 완화에서는 물가 인상의 평소 경제 환경하에서 문제 해결을 위해 단행해 왔다. 금융정책으로서 일상적인 오퍼레이션으로 단행해 온 것이다.

그리고 7년이 지나면서 생각대로 되지 않는 것이 모든 사람 눈에 명백해졌다.

---

10 일본은행이 보유하는 장기국채 잔액을 일본은행권의 유통 잔액 이하로 하는 정책상의 자체 규칙. 은행권 규칙이라고도 불린다.

리스크프리미엄 타깃

이제 총결산해야 한다.

코로나 위기에 대한 대책으로, 긴급사태 대응으로 국채의 무제한 매입을 결정했다. 긴급사태가 끝나면 어떻게 될까. 물가를 끌어올리기 위해 계속 살 것인가, 아니면 자산시장의 리스크프리미엄을 위해 계속 살 것인가, 위기 대응을 위한 대량 매입이었으니 이제 출구로 향할 것인가.

경기는 반드시 회복할 것이다. 그러나 성장률은 낮은 채로 회복할 것이다. 코로나 이전의 실물경제가 버블이었으므로 이전 수준으로는 돌아갈 수 없고, 성장률(정확히는 GDP 증가율)은 코로나 위기 이전보다 낮은 수준으로 돌아갈 것이다. 코로나 위기가 수습되면 국채의 '무제한' 매입은 그만두게 될 텐데, '무제한' 대신에 무엇을 할까. 위기가 가고 평상시로 돌아왔을 때, 국채를 계속 산다면 그 이유는 무엇인가. 물가 때문인지, 자산시장 때문인지 확실히 정해야 한다.

정확히 말하자면 논리적으로 설명할 수 없는 정책을 계속할 이유를 명확히 할 필요가 있다는 것이다. 주식 매입은 더욱 직접적인 문제에 직면할 것이다. 상장주식을 매입하는 중앙은행은 세계에 없으며 역사적으로도 존재하지 않는다. 왜 사는가. 1998년의 금융위기에서 은행 소유 주식을 사들인 것은 금융시스템 안정을 위해서라는, 타당하고 명확한 목적이 있었다. 21세기에 시장에서 상장주식을 사는 이유가 무엇인가.

주가 대책으로밖에 보이지 않는데, 그래서는 안 된다. 어디까지나 중앙은행의 정책으로 허용되는 것은 실물경제에서 실물 투자를 위한 리스크프리미엄의 저하뿐이다.

일본은행은 정책의 타당성을 가지고 사들여야 한다.

그러기 위해서는 어떻게 해야 하는가. 리스크프리미엄을 낮추겠다는 분명한 목표를 정하는 것이다. 그리고 실물경제에서 '경기 안정', 장기 성장을 위한 '물가안정'이라는 목표와 평행선으로 자산시장에서 '리스크프리미엄의 안정'이라는 목표를 명시적으로 설정해야 한다.

즉 리스크프리미엄을 낮추는 것은 물가 안정을 위해서가 아니라 자산시장을 안정화하기 위해서다.

인플레이션과 버블 붕괴 중 어느 쪽을 피할 것인지, 실물경제의 침체와 자산시장 버블 리스크 중 어느 쪽을 먼저 해결할지는 1990년 이후 미국 FED 최대의 고민, 1985년 이후 일본은행 최대의 고민이다.

지금까지 중앙은행의 정책 대상은 어디까지나 실물경제이자 경기였고, 그것을 위한 물가의 안정이었다. 자산시장이 버블이 되는 것은 주의해야 하지만 어디까지나 실물경제에 큰 쇼크를 주지 않기 위해서였으므로 금융기관의 안정성이 훼손되지 않도록 간접적인 선에 머물렀다.

지금부터는 실물경제와 자산시장을 금융정책의 대상으로 할 것을 목표로 삼아야 한다. 그리고 실물경제에서 '경기의 안정화', '장기 성장'과 대조적으로 자산시장에서 '리스크프리미엄의 과도한 변동'을 막고 '자산시장의 장기적 건전한 발전'이라는 목표를 설정해야 한다.

문제는 물가는 객관적 데이터로 측정되어 객관적인 목표 설정이 가능한 데 반해(사실 어렵고, 긴 논쟁의 역사가 있지만), 리스크프리미엄의 측정법은 일반 상식이 확립되지 않아 객관적인 데이터를 얻기 어렵다.

그러나 '어렵다'와 '어려우니까 해서는 안 된다'는 다르다.

1990년대 이후, 전 세계 중앙은행 대부분의 고민은 자산시장이자 버블이었고, 그 결과로 생기는 금융위기였다. 이에 정면으로 맞붙는 것이 중앙은행의 사명이다. 물가를 통해 실물경제에 영향을 미치는 '앞마당'에 자신의 정책 대상 영역을 한정하는, 지나치게 보수적인 중앙은행에서 언젠가는 도약해야 했다.

바로 지금이다.

일본은행은 그럴 책무가 있다. 왜냐하면 계속 수치 목표를 가지고 상장주식을 장기에 걸쳐 매입해 왔기 때문이다. 이 정책을 계속한들 발전시킨들 해소한들 자산시장과 마주하는 일은 피할 수 없다. 일본은행이 선수를 쳐야 한다. 그러면 양적 완화, 포워드 가이던스Forward Guidance[11], 수익률곡선 관리로 세계에서 가장 혁신적인 중앙은행으로 인정받아 온 일본은행이 전 세계 중앙은행의 역사를 다시 바꾸게 될 것이다.

---

11 중앙은행이 향후 경제 상황에 대한 평가를 토대로, 미래의 통화정책 방향을 예고하는 새로운 통화정책 커뮤니케이션 수단.

제5장

'안심' 신화가
재정을 파탄으로 내몬다

코로나 대책이 산으로 가는 이유

코로나 리스크는 제로가 될 수 없다

코로나 위기에 대한 경제정책은 빗나갔다. 앞으로도 계속 빗나갈 것이다. 그리고 재정파탄이 일어날 것이다. 코로나 다음에 올 위기(다른 감염병일 가능성이 있다)로 재정은 파탄에 이를 것이다. 다음이 아니라면 그다음이 될 것이다. 어찌 됐건 곧 틀림없이 재정은 파탄을 맞게 될 것이다.

왜일까. 불안 해소를 위해 돈을 쓰고 있기 때문이다. 그런데 불안은 돈으로는 해소되지 않는다. 그 결과 끊임없는 경제 대책이 필요해지고, 혼미한 상황이 이어진다.

불안은 불안을 낳고, 원인을 모르므로 더 불안해진다. 그러므로 불안한 쪽은 눈앞에 벌어진 모든 일에 닥치는 대로 불평을 늘어놓는다. 유권자에게 휘둘리는 정치는 불평 하나하나에 벌벌 떨면서 수동적으로 대응한다. 불평의 표면적인 의미는 알기 때문에 그때그때 대처하지만 불만은 더욱 뿌리 깊은 곳에 있다. 불만을 털어놓는 것은 단지 자신도 불안해서 어쩔 줄 몰라 닥치는 대로 화풀이하는 것일 뿐이다. 그리고 눈앞의 화풀이 대상의 문제점이 해소되면 화풀이할 대상이 없어지므로 점점 스트레스가 쌓여 불안은 더욱 고조되고 다음 대상을 찾아 떠돌게 되고 화풀이의 정도는 배로 증가한다.

돈을 뿌려 진정시키려고 하는 것은 사실 현명한 대응이다. 일시적으로 기분을 수습하는 데는 돈이 최고다.

아이가 울어댈 때 손쉽게 달래는 방법은 달콤한 과자를 쥐어주는 것이다. 마찬가지로 스트레스로 화풀이하는 사람에게는 돈을 주는 것이 제일이다. 그런 생각에 바탕을 둔 것인지, 직감적으로 파악한 것인지, 유권자와 언론, SNS에서 돈을 빨리 나누어 주라고 했기 때문인지 이유야 어쨌든 정부는 현금을 뿌렸다. 그리고 일시적으로 불만의 목소리를 잠재웠다.

그러나 불만은 곧 다시 고조된다. 왜냐하면 불안 자체가 사라지지 않았기 때문이다. 그러므로 다른 형태로 돈을 뿌린다. 진정된다. 불안이 높아진다. 뿌린다. 이 과정을 계속 반복하고 있다.

정부는 계속 돈을 뿌려대면서 무엇을 기다렸는가.

코로나가 진정되는 것.

그러나 그 생각은 틀렸다.

첫째, 코로나 리스크는 제로가 되지 않는다. 감기나 독감도 유행이 지나가도 걸리는 사람은 있다. 사람들이 리스크 제로를 원하는 한, 영원히 불안은 사라지지 않을 것이다.

둘째, 코로나가 진정되어도 사람들의 불만은 가라앉지 않을 것이다.

왜냐하면 사람들은 안전을 추구하는데, 논리적으로 완전한 안전은 있을 수 없으므로 일단 불안감이 생기면 여간해서는 사라지지 않기 때문이다.

즉, 불확실성 제로가 증명되지 않는 한, 과학적으로 리스크가 없다고 해도 과학을 이해하지 못한다면, 혹은 과학을 믿지 않는다면, 또는 과학을 믿지만 마음은 다르다면 미래의 일일 뿐, 눈에 보이지 않는 리스크가 존재하는 이상 불안은 계속 남는다.

제로 리스크 신화

불안은 늘 사람들을 따라다니는데, 일본 사회와 일본 사람들은 특히 불안에 약하다. 왜 그런지는 알 수 없지만, 불안에 약한 것은 적어도 고도 경제성장기 이후로 일관된 현상이다. 불안에 약한 사회가 만들어낸 해결책이 제로 리스크 신화다.

이것은 앞에서 이야기한 두 가지 문제를 한 번에 해결한다.

논리적으로 존재할 수 없는 '리스크 제로'를 믿으면서, '불확실성은 없다'라고 믿으면 문제는 해결된다.

과학은 믿을 수 없지만, 리스크가 제로라는 신화를 믿을 수 있는 것은 일본이 무종교(사실 무종교는 아니지만)적이라서 그런지, 비교적 많은 일본 사람에게 해당한다. 그렇게 믿지 않는 사람들도 대충 '그럴 수도 있지.' 하고 너그럽게 받아들인다. 다시 말해 과학과 맹신이 대립했을 때 맹신이 이기기 쉬운 환경에 있다.

이런 맥락에서 보면 리스크가 제로라고 믿을 수 있는 상태가 되면, 불안해하지 않을 수 있다. 안심하고 아무 불안감 없이 지낼 수 있는 것이다. 일본 사람들은 이를 추구하며 어떻게든 리스크 제로 상태를 믿으려고 한다.

행동경제학에서는 인간에게 확증편향, 즉 자신의 신념에 부합하는 것만 믿고 그렇지 않은 것은 무시하는 경향이 있다고 주장한다. 많은 일본 사람이 바로 이 편향에 빠져 있다. 게다가 이 편향에 빠진 사람들을 나머지 사람들이 허용하는, 불가사의한 사회다.

비합리적인 사람들(여기서는 제로 리스크 신화를 믿고 원하는 사람들)을 사회가 허용한다는 커다란 결함은 그다지 강조된 바 없으나 이것이 일본 사회 최대의 문제이자 여러 악의 근원이다.

'약한 사람의 마음을 최우선으로 살펴야 한다', '피해자의 마음에 다가가야 한다'라는 미명하에 비합리적 약자, 피해자의 지나친 요구를 사회적으로 모두 받아들여야 한다. 합리적인 설득은 용납되지 않으며 비합리적 피해자의 목소리(불안)를 무조건 받아들일 것을 강요하는 동조 압력이 지배하고 있다. 게다가 피해자들을 동정하지 않는다는 비난을 가하는 사회 전체의 압력으로 합리성이 모두 말살되는 사회가 되었다.

그 결과, 한 사람의 비극에 모든 사람이 온 힘을 다해 달라붙고, 이후 대책이나 정책에서도 피해자의 상태가 최우선시되면서 사회적 비용과 이익의 균형은 논의조차 할 수 없다.

한 사람이라도 사망자가 나오면 모든 희생을 감수해서라도 같은 사고가 일어나지 않도록 한다. 그러다가 상대적으로 허술해진 곳에서 다른 큰 사고가 일어나는 일이 되풀이된다.

예를 들어 2011년 3월 11일 동일본대지진 때 쓰나미가 가장 큰 피해를 일으키자 쓰나미 대책에 무한대의 돈을 쓰고 다른 것을 모두 희생하는 대책이 세워졌다. 20m 높이의 쓰나미가 왔으니 30m 높이의 쓰나미에도 견디도록 만전을 기한다. 그러나 20m 쓰나미도 1,000년에 한 번 올까 말까 한데, 그 이상의 쓰나미 대책을 세우는 비용 대비 이익은 무엇인가. 20m를 넘는 쓰나미라면 30m 대책으로도 부족할지 모르지 않는가. 그 어떤 큰 쓰나미가 와도 사용할 수 있는 대책은 피난 원칙을 철저하게 지키고, 대비 훈련을 하는 것이 아니겠는가. 방재 인식을 철저히 한다면 쓰나미뿐 아니라 화재, 홍수, 그 밖의 많은 재해 대책에도 유효하지 않을까. 하지만 이런 논의는 봉인되고 쓰나미 대책에만 올인 한다.

그 결과, 쓰나미 피해를 받지 않은 지역에서 홍수나 범람이 일어난다. 그러자 이번에는 규슈, 시코쿠, 히로시마, 홋카이도의 폭우 대책에 모든 것을 쏟아붓는다. 그리고 나니 남 일 보듯 했던 도쿄 다마가와가 범람하여 고층 아파트가 물에 잠기는 일이 발생한다. 수몰은 해마다 어딘가에서 일어나고 있고 고층 아파트는 한 예에 지나지 않을 뿐인데, 고층 아파트의 공포만 언급된다.

이렇게 되면 합리적인 논의, 리스크에 대한 여러 시나리오의 준비, 예상치 못한 상황의 가정 등 본질적인 대책이 어려워진다.

안심을 위해 안전을 희생하는 나라

가장 전형적인 예로, 최악의 결과를 낸 것이 원자력발전소 폭발 사고다. 원전 사고에 대해서는 아직 여러 가지 의견이 있으므로 누가 봐도 비합리적인 두 가지만 언급하기로 한다.

먼저 원전은 리스크가 전혀 없다는 제로 리스크 신화를 사회적으로 받아들인 게 문제다. 어떠한 생산 활동, 생활에서도 제로 리스크는 있을 수 없다. 제로 리스크를 원한다면 자동차는 도로를 달리지 못하게 해야 하고, 자전거도 타서는 안 된다. 그러나 원전을 건설하는 데 있어서는 리스크가 제로라는 전제를 두어야만 했다. 사람들 불안을 해소하기 위해서는 0.0001%도 리스크가 없어야 했기 때문이다. 되도록 리스크를 낮게 컨트롤하고 만에 하나의 상황을 공적인 자리에서 논의하며 준비하는 일반적인 위기관리가 불가능했다. 유사시의 피난 훈련, 순서, 사후 처리도 이야기할 수 없었다. 그렇게 해서 사고의 사회적 영향을 무한대로 확대하고 말았다.

제로는 불가능한데도 행정은 사람들을 리스크 제로라고 안심시키는 데 전력을 기울였다. 논리적으로는 불가능하니 논리적 설득이 아니라 감정에 호소하고 작은 불안 요소라도 보이면 즉시 제거하려고 했다. 겉으로 보기에만.

그것이 두드러지게 나타난 것이 사고 후 오염물질을 제거하는 문제였다.

토양 표면에 쌓인 방사성물질이 위험하므로 겉흙을 제거하여 어딘가로 옮겨야 했다. 당초 전문가 회의 등을 통해 연 5mSv밀리시버트[1]까지 줄이는 것이 목표였는데, 후쿠시마 주민들이나 여론이 목소리를 높이자 정치적인 결단으로 연 1mSv까지 줄이기로 목표를 바꾸었다. 그 결과 실현 불가능한(자연계의 방사선 평균보다도 낮다) 목표를 위해 매년 수조 엔의 비용이 들게 되었다.

하지만 불가능한 것은 수조 엔을 들여도 불가능했다. 겉흙을 옮길 곳이 좀처럼 나타나지 않아, 제염이 진행되지 못하자 불안과 비판은 높아져만 갔다. 정말로 위험하다면 그 흙을 받아들일 곳은 아무 데도 없을 텐데 불가능한 일을 하겠다고 한 것이다. 또 과학적으로 불필요한 일에 수조 엔이라는 비용을 들이고, 불안도 해소하지 못할 정책을 질질 끌었다.

지금 제염은 어떻게 되었는가. 당시 비판하던 사람들은 더 이상 관심을 기울이지 않는다. 현지의 일부 주민이나 활동가 등은 여전히 강한 비판을 쏟아놓고 있지만, 사회적으로는 잊혔다.

2011년 대지진 이후, 일본에서 많이 쓰이게 된 단어가 '안전·안심'이다. 안전·안심이라고 하면 안전을 확보함으로써 안심한다는 뜻일 텐데, 대지진 이후 일본에서는 안전만으로는 부족해졌다. 사람들이 안심해서야 비로소 성공적인 대책이었다는 평가가 일반적으로 자리 잡은 것이다.

---

1 인체에 영향을 미치는 방사선의 양을 나타내는 국제단위.

이것이 일본을 치명적인 비효율적 사회, 파탄 리스크가 높은 사회로 몰아넣었다. 왜냐하면 안전해도 안심하지 못하는 사람이 나타났고, 이를 사회가 허용함으로써 실현 불가능한 것을 추구하는 사회가 되고 말았기 때문이다.

가령 '목숨은 비용과 바꿀 수 없다', '목숨은 지구보다 무겁다'와 같은 감정적인 말들이 사람들의 공감을 넘어 당연한 전제로 받아들여졌다. 그 결과 안심을 추구하기 위해서라면 무한대 비용을 쓰는 사회가 되었다. 비용만 쓴다면 차라리 나을 것이다. 돈이 끊기면 정상으로 돌아올 테니까. 그러나 아무리 해도 안심하지 못해서 계속 불안해졌다. 가장 큰 문제는 불안이 싫어서, 그 불안을 만들어낸 안전 문제를 없는 것으로 여기고, 아예 안전을 돌아보지 않는 사회가 되고 만 것이다.

안심은 안전이 확립되면 얻을 수 있고, 그 밖의 것들을 통해서는 얻기 어려움에도 불구하고 안심을 위해 안전 이외의 요소를 요구하는 것이 일반화되었다.

그 결과 안심하기 위해 안전을 없는 것으로 치부하는, 그야말로 주객이 전도된 꼴이 되었다.

사람들은 정부에 리스크 제로를 요구하고, 정부는 이제 불안 요소는 없어졌으니 안심해도 된다고 설득한다. 사람들은 리스크 제로라고 굳게 믿으며 안심한다. 리스크 제로이니 리스크에 대비할 필요가 없다. 그렇게 리스크에 대한 경계가 사라진다. 리스크에 대한 민감도가 제로가 된다. 일본 사람들 머리에서 리스크는 사라진다. 그리고 리스크에 대한 사고 정지 상태가 된다.

물론 리스크는 제로가 되지 않았으므로, 리스크가 실현되어 무언가 사고가 일어난다. 사고가 크든 작든 사람들은 패닉에 빠진다.

안심을 추구한 나머지, 안전을 잃은 현재 일본 사회의 구조다.

제로 리스크 지향에 의한 사고 정지

코로나도 마찬가지다. 감염자가 한 명 나오면 큰 소동이 난다. 아이가 학교에서 감염되면 패닉에 빠져 모든 학교를 폐쇄하라는 주장이 나온다. 리스크는 어디에나 존재한다. 그러므로 전체적으로 줄이는 노력을 하고 리스크가 실현되었을 때에 대비해야 한다. 이 두 가지가 리스크 컨트롤의 대원칙이다. 그러나 제로 리스크 지향에 따른 사고 정지로 이 원칙 따위는 이 세상(일본)에 존재하지 않게 되었으므로, 리스크에 대처하는 행동을 전혀 취할 수 없다.

생명보험 가입자가 이렇게나 많은 곳은 세계에서 일본뿐이다. 복권이 잘 팔린다. 이것도 리스크에 대한 행동이 합리적이지 못함을 나타낸다.

2002년에 노벨 경제학상을 수상한 대니얼 카너먼이 주장한 프로스펙트이론[2]이라는 행동경제학의 틀에서는, 인간은 아주 작은 확률에 대

---

2 사람들이 이득보다 손해에 더 민감하고, 이득과 손해는 준거점을 기준으로 평가되며, 이득과 손해 모두 효용이 체감하는 것으로 가정하는 이론. 카너먼은 사람들은 불확실한 상황에서 효용이 아니라 가치에 근거하여 의사결정을 한다고 주장하였다.

해 대단히 비합리적으로 행동한다는 내용이 이론화되어 있다. 인간은 아주 작은 확률을 극단적으로 두려워한다. 이 전형적인 예가 일본 사회다. 젊은 유명인이 암으로 죽으면 암 보험 가입자가 폭증한다. 복권은 꼭 누군가는 당첨되니 자신의 가능성도 제로는 아니라며 꿈을 사는 것이라고 즐거워한다. 일본 이외에서는 보기 드문 현상이다.

리스크에 대한 사람들의 비합리성은 코로나 위기의 회복 대책에 중심 역할을 하는 PCR 검사에서도 여실히 드러난다.

일본에서는 어느 재단에 소속된 이코노미스트들이 국민 모두 혹은 이에 가까운 대다수 국민에게 PCR 검사를 실시하여, 음성 판정을 받은 사람부터 경제활동을 재개시키자는 제안을 하고 있다. 미국 하버드대학교의 주장을 흉내 낸 것으로 보인다.

하버드대학교의 윤리학센터Center for Ethics가 발표한 주장의 골자는 하루 500만 건의 대량 PCR 검사를 통해 밀접 접촉자를 추적하고 확진자를 (생활 지원하면서) 확실하게 격리함으로써 직장과 학교의 감염 리스크를 억제하고 경제와 사회의 정상적인 활동을 재개하는 전략이다.

일본의 다른 싱크탱크의 제안도 거의 같은데, '국민 대량 PCR 검사'라는 이 제안의 메시지는 '검사와 격리'의 목적을 '의료'에서 '사회의 불안을 없애기 위해서'로 전환해야 한다고 명시적으로 밝힌다.

일본에서 나온 제안은 둘 다 200% 틀렸다. 아이러니하게도 핵심 메시지에서 200% 틀렸음을 스스로 밝히고 있다.

왜 200%일까.

100%로 두 번 틀렸기 때문이다.

첫 번째 틀린 점은 통계적으로 봤을 때, PCR 검사로는 사회 전체의 안전성이 눈에 띄게 높아지지 않기 때문이다.

두 번째로 더욱 중요한 점은 대다수 국민에게 PCR 검사를 하고, 행동 제한 지침을 내리면 국민의 불안은 오히려 높아질 것이기 때문이다.

궁극적으로 틀린 점은 불안을 없애기 위해 검사하는 것은 가장 해서는 안 될 행동이라는 것이다.

틀리는 것도 정도가 있는 법이다.

한번 살펴보자.

첫 번째 틀린 점은 통계의 기본을 이해하지 못한 데 있다.

일본의 코로나 감염자 수는 확진 판정 받은 수에 불과하고, 검사 수가 워낙 적기 때문에 빙산의 일각만 드러난 것이며, 실제 감염자는 그것보다 많다고 일컬어진다. 몇몇 조사에서는 도쿄 인구 전체의 0.5% 안팎이 감염되었다는 결과가 나왔다. 가장 감염자가 많고 감염률이 높다고 여겨지는 도쿄에서도 0.5%다. 0.1%가 나온 조사도 있다. 이러한 상황에서는 검사해 봤자 의미가 없다.

무슨 말일까.

PCR 검사에서 민감도[3]는 70% 정도로 알려져 있다. 민감도가 70%인 검사는 해도 거의 의미가 없다.

앞에서 이야기한 재단의 이코노미스트들은 70%라고 해도 세 번 이

---

3 실제로 감염되어 있을 때 올바르게 양성으로 나올 확률.

상 반복하면 확률이 올라가므로 비용을 들여서라도 끈질기게 국민 모두 검사를 받도록 해야 한다고 주장하고 있다.

아무것도 모르는 소리다. 포인트는 70%의 민감도가 아니다. 추정 감염률이 0.5%라는 것은 사람들 대부분이 검사하기 전에 감염되어 있지 않음을 전제하는 말이다. 이런 상황에서 70% 확률의 검사를 해봐야 대부분 음성 판정을 받을 것이다. 그중 극히 일부의 감염자가 있고, 그중 70%가 양성 판정을 받았다고 하자.

여기서 음성 판정을 받은 사람의 감염 확률을 추정하면 얼마가 될까. 거의 0%다. 추정 감염률도 0.5%였으므로 거의 0%였다. 검사해서 음성으로 나와도, 검사하지 않아도 감염 확률은 거의 달라지지 않는 것이다. 그리고 음성으로 나와도 0%가 아니다. 검사에서 음성 판정을 받아도 본인이나 주변이나 안심할 수 없기 때문이다.

이것은 통계의 기본이다. 양성으로 나온 사람은 격리하면 되니까 의미가 있다. 그러므로 꾸준히 검사해서 격리자를 늘리는 것에는 감염 확대를 막는 약간의 의미가 있다. 그러나 음성으로 판정받는 것은 의미가 없다.

전 국민 PCR 검사는 왜 틀렸는가

정리해 보자. 전 국민 PCR 검사에는 세 가지 문제가 있다.

첫째, 오늘 음성이 나온다 해도 내일은 양성일지도 모른다. 그래서 항상 업데이트해야 한다. 하지만 비용도 들고 현실적이지 않다. 항체 검사로는 본인이 안심할 뿐이다. 그리고 항체가 있다고 해서 안심할 수도 없다. 변이 바이러스에도 감염되지 않을지는 확실하지 않다. 그리고 감염을 확산시킬 리스크를 줄이지 못한다. 음성이 나왔다 해도 현재 감염되지 않았음을 나타내지는 않는다.

둘째, 민감도가 낮다. 통계적 식별률이 그리 높지 않은 것이다. 70%로는 불충분하다. 그러니까 세 번 받으라고 주장하는 사람도 있는데, 고베시 병원에서 여러 번 음성으로 나온 사람이 있었는데, 증상으로 보아 감염되었을 확률이 아주 높다며 격리를 계속한 결과 며칠 뒤 양성 판정을 받은 사례가 있다.

셋째, 엄청난 비용이 든다. 간이 검사에만 1조 엔이 든다. 실제로는 최소 수조 엔이 들 것이다.

여기까지는 누구나 알고 있고, 전 국민 검사를 주장하는 쪽도 마찬가지다. 그래도 주장한다. 철저하게 검사할 것이므로 민감도 70%라도 반복하면 된다. 1주일에 한 번 검사하면 된다. 그래서 막대한 비용이 든다 해도, 가령 매년 5조 엔이 든다 해도 실업률 20%를 기록하는 것보다는 낫다. GDP가 수십조 엔 사라지는 것을 막는다고 생각하면 투자로서 나쁘지 않다. 이렇게 주장한다.

그러나 몇 가지 치명적인 오류가 있다.

먼저 상대적으로 작은 오류는, GDP가 수십조 엔 사라진다는 것은 상당한 과다 추정이라는 점이다. 코로나가 영원히 진정되지 않을 거라고 생각한 듯하다. 현재 일본의 GDP는 500조 엔 남짓으로, 분기별로는 125조 엔이다. 지금 GDP의 감소가 5%라고 하는데, 보도된 수치가 수정되어 1분기는 -2.2%였다. 게다가 이것은 연율 환산이므로 전기와 비교하면 -0.6%다. 즉 125조 엔의 0.6%인 7,500억 엔이 사라진 것이다. 아무리 크게 잡아도 1분기에 고작 1조 엔이다.

생산 분야에서는 중국의 영향으로 2월부터 감소가 진행되고 있었지만, 대체로 3월에 집중되었다고 하면 3월에 1조 엔이 사라진 것이다. 긴급사태 선언이 나오기 전부터 거리 두기는 꽤 시행되고 있었으므로 4월에 악영향이 가장 높았다고 하더라도 최대 세 배일 것이다. 5월은 도쿄, 오사카 이외 지역에서는 경제가 움직이고 있었으므로 3월과 비슷한 정도다. 따라서 3월부터 5월까지 합쳐도 고작 5조 엔이다. 6월을 최대 1조 엔으로 잡으면 6조 엔이다. 서서히 수습된다고 하더라도 경제활동은 일부 분야에 영향이 집중되었으므로, 전체적으로 6월 이후에는 경제 수축이 상당히 해소될 것이다.

또 수출 침체는 일본의 PCR 검사와 상관없으므로(다른 나라에서 일본으로부터의 입국 제한을 거는 문제는 전혀 다른 문제로 필요에 따라 검사하면 된다.) PCR 검사 비용과 GDP 감소를 비교하는 것은 문제가 있다.

따라서 확실하게 드는 비용 수조 엔과 이익으로 얻을 수 있다고 추정되는 최대 수조 엔은 기껏해야 본전치기 정도이므로 투자로서 절대 효과적이라고 할 수 없다.

왜 본전치기로는 안 되는가 하면, 전 국민 검사에는 금전적인 비용 외에 막대한 에너지, 품 등 시장 거래로 환산할 수 없는 큰 비용이 들기 때문이다.

이제 더욱 치명적인 다음 오류를 짚어보자.

전 국민 검사는 실현성이 제로다.

어떻게 검사할 것인가. 국민 모두에게 시간을 정해주고 검사소로 오라고 할 것인가. 곧바로 사람들이 몰려들 텐데 그런 장소가 있긴 한가. 제안하는 쪽에서는 자주 검사할 수 있는 간이 키트를 개발하면 저비용으로 할 수 있다고 한다. 국민이 모두 시키는 대로 키트를 사서 할 것이라고 보는가. 키트를 나누어 주면 된다고? 마스크 나누어 주는 데도 두 달이 걸렸다. 검사 키트는 스스로 검사하는 것부터 운반에 의한 손상, 오염 등도 문제가 되는데 해결이 가능한가.

이것만으로도 5조 엔에, 추가로 막대한 비용이 든다.

그러나 가장 큰 문제는 국민이 시키는 대로 하지 않을 거라는 점이다.

도시 투표율도 30%인데, 검사는 100%가 할까. 암 검진을 무료로 해준다고 해도 가지 않는데 불특정 다수의 다른 사람을 위해 모두가 검사할까. 하지 않을 것이다. 할 마음이 있어도 잊어버리는 경우도 있을 것이다. 80%는커녕 50%도 넘지 못할 것이다.

나아가 가장 큰 문제는 양성으로 나왔을 때 어떻게 할 것인가다. 민감도는 70%에 불과하다. 음성인데 착오로 인해 양성으로 나오는 경우가 있다는 말을 들으면, 양성이 나와도 증상이 뚜렷이 나타나지 않는 이상 뭔가 잘못된 거라며 활동을 멈추지 않을 것이다.

3월, 4월의 사례에서도 열이 있는데도 활동하는 사람이 여럿 있었다. 열이 있어서 자가 격리했는데, 열이 떨어져 회사에 출근했다. 다시 열이 나서 검사해 보니 양성이었다는 것이다. 잘 알려진 것만 해도 여러 건이니 이런 사람이 많을 것이다. 2주간 완전히 격리되어 자유를 빼앗긴다. 증상도 없다. 양성 판정은 오류일지도 모른다. 이런데도 사람들이 스스로 나와서 격리될까.

이런 사람이 20%만 있어도 수조 엔의 검사 시스템은 붕괴한다.

마지막 문제는 더욱 심각하다.

음성 판정이 나와서 안심하고 주변에 자신은 음성이니까 전혀 문제 없다고 한 사람이 1주일 후 확진 판정을 받는다. 그리고 이 사람에게 감염된 사람이 있음이 밝혀진다. 70%밖에 안 되는 민감도 탓이다.

어떻게 될까.

패닉에 빠진다.

하나의 예일지라도 언론이 한 곳도 빠짐없이 기사를 쓰고 큰 소동이 난다.

끝이다. 수조 엔의 검사 시스템은 붕괴한다.

이렇게 되면 사람들은 무증상 감염자로부터 감염된 경우보다 훨씬 큰 공포를 느낀다. 그리고 분노한다.

모든 국민이 정부를 몰아세운다.

"안심해도 된다고 하지 않았는가! 음성 판정이 나와서 활동했는데! 눈치 보여서 회사에 나갈 수가 없다! 책임져라!"

전 국민 PCR 검사 제안자는 이 시나리오를 보고 뭐라고 할까.

"민감도가 70%이니까 그럴 수도 있다. 그때는 즉시 격리하면 된다. 오진률은 내려갈 것이므로 전혀 검사하지 않는 것보다 검사하는 게 훨씬 낫다."

아무것도 모르는 소리다.

가장 큰 문제는 감염 확대를 줄이기 위해 검사하는 것이 아니라 '사람들을 안심시키기 위해' 국민 모두에 가까운 대대적인 검사를 한다는 것이다.

오진률 문제가 아니다.

국민들도 당연히 이렇게 말할 것이다.

"안심해도 된다고 해놓고 배신했다."

음성 판정 받았는데 감염을 확산시킨 사람은 국가에 배상 청구를 할지도 모른다. 분노가 수습되지 않는다. 코로나가 완치되어도 국가를 향한 원망은 계속 남을 것이다. 전 국민 검사를 제안한 사람이 스스로 '사람들을 안심시키기 위해 검사한다'고 했다. 그것이 온 나라를 불안에 몰아넣는데 말이다.

검사가 안심을 가져다주지는 않는다

최악이다.

일단 안심에 투자한 것이 잘못이다.

그러나 그것보다 훨씬 무거운 죄는 이른바 '식자'라고 하는 자들이 사람들 심리를 전혀 이해하지 않고, 탁상공론의 주장에 혈안이 되어 국민이 패닉에 빠지는 일에 매년 수조 엔을 지출하자고 주장하는 것이다.

잘못도 정도껏 해야 한다. 정부는 식자들보다 조금 더 올바르게 생각할 수 있으니 그들의 제안을 받아들이는 일은 없을 것이다. 다만 마스크 배부에 대한 국민들의 불만을 읽지 못한 관료도 있었으니 우려가 전혀 없는 것은 아니다.

그리고 또 하나 중요한 점이 있다.

'식자'들이 하버드가 제안한 거라며 무분별하게 받아들인 이론을 그대로 일본에 적용한 것이 아닐까 하는 생각이 든다.

일본의 식자라고 불리는 사람들의 큰 결점 중 하나가 유럽과 미국에 심취해 있다는 사실이다. 하버드의 제안도 틀렸지만 그래도 미국은 뉴욕에 한해서는 일리가 있다.

시민의 감염률 추정 말이다.

앞에서 이야기했듯이 일본에서는 0.5% 이하다. 일본의 3대 통신사 중 하나인 소프트뱅크가 자체적으로 직원이나 거래처를 대상으로 실시한 검사에서는 0.23%였다고 보도되었다. 한편 뉴욕에서는 여러 가지 추계가 있지만 그중 12%라는 추계가 유력하다.

12%와 0.2%(최대라도 0.5%)에는 큰 차이가 있다. 12%라면 그들만 찾아내 격리함으로써 감염 위험이 크게 낮아진다. 전원 검사하면 12%의 70%, 즉 8.4%가 격리되므로 뉴욕시의 추정 감염률은 4% 정도로 크게 떨어진다.

즉 하버드도 사람들을 안심시키기 위해 제안했지만, 실제로 안전성을 높여 안심할 수 있는 정도가 상대적으로 높아졌다.

이것이 안전 대책의 요점이다.

사람들이 불안해한다. 그러므로 안심시켜야 한다. 그러기 위해서는 안전성을 높인다. 게다가 이 방법은 절대 안전, 절대 안심을 추구하는 것이 아니다. 완전히 안심시키는 것은 불가능하고, 리스크가 제로가 되지 않는 이상 완전히 안심해서도 안 된다. 위기감을 가지되 쓸데없이 불안해하지 않고 패닉에 빠지지 않는 것이 중요하다.

일본은 전혀 다르다.

안전하지 않은 상황이라면 미심쩍은 사람을 철저하게 검사하여 안전성을 높이는 것이 의미 있는 일일 것이다. 그러나 전체적으로 안전한데 사람들이 안심하지 않으니 안전과는 상관없이 5조 엔이나 들여서 검사하려고 한다. 마스크의 경우, 떠들어대는 사람들을 안심시켜서 입을 다물게 하려는 듯한 대책을 세웠다.

치명적으로 잘못된 대책이었다.

일본의 정책 논의에는 행동경제학에 대한 이해가 결여되어 있다. 아니, 정확히 말하자면 인간으로서 가져야 할 상식이 없고 상상력이 없다. 그래서 사람의 마음을 들여다보고 예측해서 행동을 취하는 원칙에서 완전히 빗나간다.

거리 두기의 세 가지 행동 패턴

인간을 이해하지 않고 정책을 만들어 효과를 못 본 정책 사례 두 가지를 살펴보자.

먼저 '80% 감소'라는 문구로 유명한 거리 두기 대책이다.

감염병 관련 학자, 역학 분야 학자들은 사회와 인간이라는 존재를 이해하지 못한 듯하다.

접촉을 80% 줄이기 위해, 원거리 출퇴근하는 사람은 재택근무하게 하고 근거리 출퇴근하는 사람을 회사에 나오게 하면 효과를 볼 것이라고 주장한 적이 있다.

당연한 소리다. 출퇴근 거리와 비례해서가 아니라 등비급수로 줄어든다는 것이 핵심이겠지만.

그들은 접촉 기회 80% 감소라는 애매한 수치를 목표로 80%를 달성할 수만 있다면 뭐든지 좋다는 식으로 생각한다. 기계적으로 숫자를 시뮬레이션 하는 것이다. 참으로 어리석다.

문제는 무엇인가. 접촉 기회를 80% 줄이는 게 아니라 감염자를 줄이는 것이다. 그러므로 거리에 사람들이 80% 줄어들었는지 여부에 상관없이 감염자만 늘지 않으면 되며, 그것이 전부다.

감염자를 줄이기 위해서는 어떻게 해야 할까.

그 유명한 80% 감소라는 금과옥조 같은 목표(거의 슬로건에 가깝지만)는 이른바 전문가라고 하는 자들이 감염자 1명이 2.5명을 감염시킨다는 전제로 계산하여 나온 숫자인 모양이다. 너무나 단순하다. 모델이 단순하다기보다 인간을 기계처럼 파악하는 게 머리를 전혀 쓰지 않은 생각 같아서 아연실색하게 된다.

가장 큰 문제는 모든 사람을 동일시한다는 데 있다. 모든 사람을 동일하게 합리적인 경제주체로 가정하여 이론을 세우는 경제학도 비슷하게 어리석기는 하다. 금융론에서도 평균적 개인이라는 개념을 쓰는데, 이 평균적 개인이 시장 전체를 그대로 나타낸다고 보면서, 마치 한 사람의 경제주체인 듯이 취급한다. 편리하지만(그렇게 취급할 수 있도록 아름다운 이론을 구축한 것이지만) 현실에 대한 잘못된 메시지를 결론으로 내고 만다. 주가는 항상 올바르다는 효율적 시장가설[4]이 진짜 현실의 모습이라고 오해하게 만드는 것이다. 여기서는 감염 리스크에 집중하기로 한다.

실제 사회에서 인간은 이렇게 획일적으로 행동하지 않는다. 코로나 감염 대책 시장에서 사람들은 어떻게 행동할까. 행동 패턴으로 사람들을 세 가지 유형으로 분류해 보자.

먼저 그룹 A는 다른 사람 말은 듣지 않고 스스로 결정하는 사람들이다. 외출을 자제할지 말지 스스로 정한다. 그중 반 정도는 자신이 원해서 철저하게 자제하는 사람들이고, 나머지 반 정도는 누가 뭐라든 자제하지 않는 사람들이라고 가정하자. 리스크를 철저히 피하는 사람과 전혀 신경 쓰지 않는 사람이라고 해도 좋다.

다음으로 그룹 B는 수동적이기는 하지만 스스로 판단하는 사람들이다. 그들은 정부의 거리 두기 요청이나 세상에 떠도는 감염에 대한 보도 등의 정보를 수집한 후, 자제할지 말지를 정한다. 행동경제

---

4 시장을 둘러싼 모든 정보가 곧바로 금융자산 가격에 반영되는 효율적 시장에서는 시장 평균 이상의 수익을 얻는 것이 불가능하다는 가설.

학에서는 뉴스 왓처News Watcher라고 부르기도 하는데, 원리주의자fundamentalist에 가깝다고 할 수 있는 사람으로 정보를 바탕으로 판단하는 사람들을 일컫는다. 경제학적(금융론적)으로 보면 리스크는 싫어하지만, 리스크와 비용을 감안하여 결정하는 사람들이다.

마지막으로 그룹 C는 분위기에 따르는 사람들이다. 모두 거리 두기를 지키면 자신도 지키고, 그렇지 않으면 지키지 않는 사람들이다. 행동경제학에서 말하는 모멘텀 트레이더Momentum Trader[5]로, 버블을 부풀어 오르게 하는 사람들이다.

문제는 그룹 A, B, C의 비중에 따라 크게 달라진다는 점이다. 일본인의 특성으로 '성실하다', '강제하지 않아도 분위기를 파악한다'를 들 수 있는데, 정말 그렇다면 그룹 B가 적고 그룹 C가 많다는 이야기다. 유럽과 미국은 그룹 C가 거의 없고, 많은 사람이 그룹 B이지만, 그룹 A도 그럭저럭 있을 것으로 추측된다.

여기서 주의를 기울여야 할 가장 큰 포인트는 일본에는 그룹 A에 속하는 사람들이 의외로 많다는 점이다. 사람들은 대부분 그룹 A에 속하는 사람은 없거나 나쁜 사람으로 치부하고 서양인은 그룹 B, 일본인은 그룹 C라고 단순하게 생각한다.

내가 개인적으로 관찰해 보니 일본에는 그룹 B가 아주 적고 그룹 A가 생각보다 많으며, 두 유형이 비슷한 정도인 것 같다. 한편 그룹 C는

---

5 지지선 혹은 저항선 돌파를 기다리다. 강한 상승이나 하락세에 올라타 수익을 얻는 트레이더. 확실한 강세에만 진입하는 유형이다.

사람들 인식과 마찬가지로 유럽과 미국에는 별로 없고, 일본에는 과반수 정도 될 것 같다.

'인간'을 이해하지 못한 학자들

자, 이렇게 가정했을 때 일본에서 일어난 일을 어떻게 이해할 수 있을까.

그룹 A의 리스크 회피형은 당연히 거리 두기를 지킨다. 리스크 무관심형은 물론 외출 자제 따위 하지 않고 제멋대로 행동한다. 그룹 B는 그 사람이 얻은 정보 및 판단에 따라 달라진다. 여기도 반반이라고 가정하자. 반은 외출을 자제하기로 하고, 나머지 반은 자제할 정도는 아니라고 판단한다(그룹 B는 자신이 얻은 정보로 판단하는데, 이 정보와 판단이 반드시 올바른 것은 아니다. 그냥 스스로 판단하는 것일 뿐이다). 그룹 C는 어느 쪽으로 기울까. 세상은 다 반반이다. 반반이라면 편한 쪽으로 기우는 것이 인간이다. 따라서 그들은 거리 두기를 지키지 않는다.

그렇게 되면 많은 사람이 거리 두기를 지키지 않게 된다. 여러 나라로부터 일본인은 위기의식이 희박하다는 비난이 쏟아졌다. 그러나 일본은 사망자 수, 확진자 수가 유럽이나 미국에 비해 훨씬 적다. 의료붕괴는 뉴욕 다음이 도쿄라고들 하지만 잘 상상이 되지 않는다. 도쿄나 오사카 같은 대도시권 말고는 더욱 그렇다.

그런데 여기서 외국으로부터 비난받았다는 사실은 각각의 그룹에 어떻게 영향을 미칠까. 그룹 B의 의식 있는 쪽 사람들은 특히 유럽과 미국 의견에 민감하다. 또 자신들은 그룹 C 사람들과 달리 지적이며 새로운 정보에 민감하다고 생각한다. 게다가 유럽과 미국에서 온 의견이다. 그룹 B의 다수가 거리 두기를 지키는 쪽으로 달라진다. 그뿐 아니라 SNS를 중심으로 거리 두기 지킬 것을 주장해 나간다.

이렇게 여론이 형성되어 '한시라도 빨리 긴급사태를 선언하라'며 들끓어 오른다. 그리고 이 시점에 그룹 C의 분위기도 달라진다. 그러나 위기감은 없으므로 긴급사태 선언이라는 말에만 혹한다. 어느 지자체의 지사가 록다운lockdown을 외치고 나서야 현실적으로 상상할 수 있는 경제적 봉쇄의 공포에 시달린다.

실제로 2020년 4월 1일에 긴급사태 선언이 나올 거라는 소문이 퍼지면서 사람들이 마트로 몰려들고, 주말부터 거리 두기 분위기가 고조되기 시작했다. 그룹 C가 움직이기 시작한 것이다.

그리고 드디어 정부도 식자들 같은 여론에 밀려, 혹은 그에 편승하려는 정치인에게 무릎 꿇고 긴급사태를 선언했다. 여기서 그룹 C의 움직임이 결정적으로 달라져 물밀듯이 거리 두기를 지키는 집단에 더해졌다.

그렇다면 우여곡절은 있었지만 결국 잘되었다고, 사람들의 의식 흐름을 바꾸어 감염 확산 리스크를 억제하는 데 성공했다고 할 수 있을까.

50%밖에 성공하지 않았다.

흐름이 바뀌어, 휩쓸리기 쉬운 그룹 C의 비율이 높아졌으니 접촉 80% 감소에는 성공했을 것이다. 그리고 이러한 흐름 속에서 그룹 B에 속하며 자기 판단으로 리스크는 그다지 없다고 생각한 사람도 거리 두기를 지키지 않는다고 비난받기 싫어서 위험을 무릅쓰고 행동을 계속할 가치가 사라지므로(투자로 말하자면 수익을 올릴 기회가 사라지므로) 거리 두기를 지키는 방향으로 행동을 바꾼다. 이것은 팩트에 기초한 유행에 대한 영합이다.

하지만 그래도 효과는 반이다. 왜냐하면 그룹 A의 반이 남아 있기 때문이다.

그룹 A의 리스크를 신경 쓰지 않는 사람, 즉 저 좋을 대로 하는 사람은 행동을 바꾸지 않는다. 거리 두기 따위는 지키지 않는다. 그러므로 전원 거리 두기를 지키는 것은 아니므로 그룹 B와 그룹 C가 변해도 80%는 실현되지 않는다.

여기까지는 성실한 역학 전문가도 알고 있을 것이다. 사회를 이해하지 못했다는 말은 지금부터다.

그룹 A의, 행동을 바꾸지 않는 사람들은 어떨까. 원래 리스크가 큰 유형으로, 활동적이고 밤마다 먹으러 마시러 다니며 다양한 밀접 접촉을 하고 방역 따위 신경 쓰지 않는 사람들이다. 감염 가능성이 높을 뿐만 아니라 확산시킬 리스크도 높다. 이런 가장 위험한 사람들이 정작 거리 두기를 지키지 않는다. 그들을 억제하지 않으면 사회 전체의 감염 리스크는 절대 낮아지지 않는다.

역학 이론의 부족한 점은 사회 구성원 각자의 리스크가 저마다 다르다는 점을 고려하지 않은 데 있다. 행동 패턴, 빈도, 영역을 고려하지 않고 1억 2천만 명을 연령만으로 분류하여 분석한들 무슨 의미가 있겠는가.

게다가 현실적인 행동 패턴도 고려하지 않았다.

대단히 흥미로운 예가 있다. 유흥 주점에 간 어느 국회의원이 비난을 받았는데, 여기서 재미있는 점은 그것을 보도한 기사의 내용이다. 손님이 10분의 1로 줄어, 직원이 한가해졌다는 것이다. 조금 넓혀서 야간 업소 전체에 대해 생각해 보자. 10분의 9에 해당하는 손님은 그룹 C의 손님으로, 흐름에 따라 가게를 찾고, 흐름이 적절하지 않으면 가지 않는다. 그러나 직원이 평소보다 한가하다는 말은 직원은 손님만큼 줄지 않았다는 것을 뜻하며, 그룹 A에 속하는 사람이 많다는 말이 된다. 물론 손님은 단순한 유흥을 즐기러 간 것이고 직원은 먹고살기 위해 간 것이다. 그렇다면 그룹 A를 줄이려면 어떻게 해야 좋을까.

위험하다고 아무리 설득해도 소용없다. 리스크에 무관심하기 때문이다. 도박 중독자에게 아무리 도박을 그만두라고 해도 그만두지 않는 것과 마찬가지다. 어차피 따지 못하고, 손해만 볼 뿐이라고 해도 다음에는 딸 수 있다고 꿈꾸고 있기 때문에 끊지 못한다. 돈이 없으면 빚을 져서라도 한다. 불법적인 고금리밖에 없지만 그래도 빚을 내서라도 하고 만다. 수지에 맞고 안 맞고도 따지지 않는다.

도박 중독자를 그만두게 하려면 어떻게 해야 할까. 자금을 완전히 끊어버리면 된다. 이자를 아무리 많이 내더라도 빌려주지 않는다. 돈을 일절 건네지 않는 것이다. 또 하나는 도박을 폐지하는 것이다. 경마가 열리지 않으면 하고 싶어도 할 수 없다.

버블도 마찬가지다. 중앙은행이 긴축해도 버블의 정점에서는 위험을 감수하고 한몫 잡으려는 붐으로 인해 금리 수준은 관계가 없어진다. 더욱 높은 리스크를 지고, 하이 리스크 하이 리턴(수익)을 좇아 버블은 더욱 과격해진다. 이것이 버블의 마지막 단계다. 어떻게 멈추게 할까. 돈을 일절 회전시키지 않는 것이다. 일본에서 1990년까지 일어난 부동산 버블을 멈춘 것은 부동산 대출에 대한 총량 규제였다. 그것 말고는 아무것도 효과가 없었다. 총량 규제로 돈을 빌릴 수 없게 되자 단숨에 붕괴했다.

코로나에서는 거리 두기만으로는 안 된다. 휴업 규제, 휴업 명령을 내려 공급 쪽을 막아야 한다. 그러므로 도쿄도가 휴업 요청에 유흥 주점을 구체적으로 거론한 것은 타당했다.

그러나 문제가 있다. 도박 중독자는 공식 경마 경기가 없어지면 어떻게 할까. 다른 데로 간다. 경마가 없어지면 어떻게 할까. 경정競艇으로, 자동차 경주로 간다. 카지노로 간다. 불법 도박으로 간다.

도쿄에서 휴업 요청이 내려지면 어떻게 될까. 일하는 사람 일부는 지방으로 일거리를 찾아 떠난다. 도쿄에서 영업을 계속하는 가게로 간다. 지하로 숨어든다. 이러한 폐해가 있으므로 만만치 않다.

하지만 좋은 면도 있다.

일찍이 소비자금융 시장은 대출업법 개정으로 인해 큰 폭으로 축소했다. 돈을 빌리려는 사람은 어디로 갔을까. 무허가 금융업으로 흘러갔다는 소문은 거짓이었다. 그것은 일부에 지나지 않았다. 빌리려는 사람들은 과불 청구소송으로 돈을 받아 다 갚고 시장으로 돌아오지 않았다. 그래도 '다시 빌리는 사람이 있겠지, 불법 사금융에 손을 대는 사람도 있겠지.' 할 것이다. 모두 단속할 수는 없다. 그래도 그런 사람들은 상당히 적다. 전멸시키지 않아도 된다. 90%만 억제해도 된다.

코로나도 그렇다. 그룹 C를 움직인다, 줄인다. 그리고 핵심인 그룹 A의 대부분을 무너뜨린다. 무너지지 않는 사람이 남는다. 그래도 비중은 크게 준다. 그러고 나면 중증 리스크를 줄이는 것을 철저히 하면 된다.

이렇게 하면 마구잡이로 80% 줄이는 것보다 우선순위가 높고 대책으로는 더욱 중요한 데다가 효과도 크다.

불안감 해소를 위한 퍼주기

이러한 방법은 조금만 생각하면 누구나 알 수 있다. 그럼에도 불구하고 일본의 전문가들은 무턱대고 80% 감소라는 슬로건을 고집했다. 대단히 비효율적인 대책으로, 감염자는 확실히 줄었지만 경제 전체를 극단적으로 위축시키고 말았다. 대부분의 경제적인 손해는 이 마구잡이식 효율 나쁜 80% 감소 운동에서 비롯되었다고 나는 생각한다. 그리고 결과적으로 경제 대책, 국민에 대한 현금 뿌리기가 비정상적으로 증가하여 재정파탄의 길을 앞당겼다.

구체적인 예를 하나 살펴보자. 재정파탄으로 가는 길을 가장 앞당긴 것은 국민 모두에게 10만 엔을 지급한 정책이다.

2020년 4월, 일본 정부는 코로나 위기 대책으로 전 국민에게 일률적으로 1인당 10만 엔을 지급하기로 했다. 당초에는 코로나로 일이 줄어 소득이 급감한 세대에 30만 엔을 나누어 준다는 안이 각료 회의에서 결정되었으나, 각료 회의 결정 후 전 국민에게 10만 엔을 주는 것으로 정책을 전환했다. 지금까지 한 번도 보지 못한 일이다. 처음에는 코로나 위기로 소득이 없어지고 생활이 곤궁해진 저소득자를 지원하기 위한 정책이었는데, 한 푼도 소득이 줄지 않은 연금 생활자, 어린이, 고소득자에게까지 10만 엔이 주어졌다. 소비할 수 없는 환경에서 소비 자극책을 펼친 것이다. 의미를 알 수 없는 이 정책에 대해 국민은 대찬성했다.

코로나 위기로 금전적 어려움을 겪는 것은 일하는 사람, 특히 일이 줄어든 사람이므로 소비자는 아무 어려움이 없다. 연금 생활자는 수입이 줄어들지 않았고 일하는 사람은 국민의 50%에 지나지 않는데 쓸데없이 나머지 반에게까지 나누어 줄 필요가 있는가. 차라리 부자로부터 세금을 걷는다면 모를까, 10만 엔을 전 국민에게 나누어 주는 것은 도대체 무슨 이유인가. 또 국민 대부분이 찬성한 이유는 무엇인가.

인터넷 등에서 전 국민 10만 엔 지급을 강하게 주장한 사람들의 요점은 돈을 나누어 주는 타이밍, 스피드였다. 경기가 곤두박질치고 있으니 한시라도 빨리 나누어 주어야 한다는 것이었다.

"갑자기 수입이 없어진 개인사업자 등은 한시라도 빨리 현금을 원한다. 그들은 굶어 죽고 말 것이다."(딱 이렇게 말하지는 않았지만, 이렇게 될 만큼 긴급하다고 주장했다.)

아주 이상하다.

내가 수입이 없어진 개인사업자라면, 오늘 10만 엔을 받는 것과 다음 달에 30만 엔 받는 것 중 하나를 택하라고 했을 때, 두말 않고 30만 엔을 택하겠다. 연이율 세 배의 12제곱 수익을 올리는 투자다. 한 달 정도는 참는다. 그래서 죽는다면 오늘 10만 엔을 받는다 해도 다음 달에 죽게 될 테니 3개월 더 살 수 있는 30만 엔을 택하겠다.

나아가 경기 대책으로서도 무의미하다. 소비가 급감한 것은 돈이 없어서가 아니다. 외출 자제령으로 소비자가 소비 행동을 제한당해 소비할 수 없어서 곤란해진 것일 뿐이다. 아무 데도 갈 수 없으면 소비할 수 없다. 이런 상황에서는 돈을 나누어 줘도 쓰지 않는다. 그대로 은행 계좌에 놔둘 뿐이다. 혹은 증권 계좌라도 만들어서 주식을 산다. 농담이 아니라 최근 주식투자 계좌 개설 신청이 폭증했다(사실 미국에서도 같은 일이 벌어졌다). 미국에서는 주식투자 초보자가 계좌를 개설하여 가치가 없는 회사(가령 파산한 렌터카 업체 허츠)의 주식을 단기투자하여 거래가 급증했다는 사실이 화제가 되었다. 이렇듯 전 국민 10만 엔 지급은 대책이 되지 않고 부적절한 투기를 부추길 뿐이다.

인터넷상의 자칭 의식 있는 사람들, 아무것도 모르는 이코노미스트들은, 정말로 어리석게도, 경기를 위해서라고 믿고 주장했는지 모르겠지만, 제대로 된 보통 사람들은 10만 엔 일률 지급을 열렬히 지지했다. 왜일까.

자신이 받을 수 있기 때문이다. 너무 당연하다면 당연한 얘기지만, 단지 그뿐이다.

그러나 무의식적으로 원한 사람도 많다. 그들이 무의식적으로 돈을 원한 이유는 무엇일까.

불안했기 때문이다.

금전적으로 힘들어서가 아니라 불안감에 휩쓸렸기 때문이다.

'코로나는 앞으로 어떻게 될지 모른다. 불안하다. 그 감정을 불식시키고 싶다.'

도지사도 "불안감을 불식시키기 위해 8,000억 엔을 쓰겠다."라고 선언하여 사람들로부터 갈채를 받았다.

이런 불안은, 일거리가 없어지는 불안 같은 구체적인 불안이 아니라 앞으로 코로나가, 사회가 어떻게 될지 몰라서 견딜 수 없는 불안이다. 이럴 때 마스크 두 장으로는 위로가 안 된다. 돈이다. 불안할 때는 "돈을 줄 테니 어려운 일이 생기면 쓰라."고 건네주는 것이 가장 효과적이다.

그러므로 정치적으로는 즉시 현금을 나누어 주는 것이 가장 효과적이다. 그리고 곧바로 주는 것이 중요하다. 조금 지나면 불안이 가벼워지기 때문이다. 그때는 돈을 받아서 좋긴 하지만 고맙다는 생각은 들지 않는다. '받아줄까?' 하는 정도다. 그러나 가장 불안할 때 돈을 받으면 준 사람에게 고마워한다. 그래서 곧바로 모두에게 돈을 나누어 준 것이다.

나는 코로나보다 정치에, 인간의 욕망과 감정에 질렸다.

그러나 질리는 것으로는 아무것도 해결되지 않는다. 이것은 불안에 의한 재정파탄의 최단 코스다.

코로나 대책으로 재정파탄

이제, 코로나 대책이 재정파탄을 불러일으키는 세 가지 요인을 들고자 한다.

첫 번째는 국가와 지방자치단체의 관계다.

예를 들어 정부는 2020년 4월 초순에 긴급사태를 선언했는데, 애당초 할 마음이 그다지 없었다. 그러나 도쿄도나 오사카부의 영향을 받아 결국 어쩔 수 없이 하게 되었다. 그 이유는 무엇일까.

긴급사태 선언으로는 사실 거의 아무것도 할 수 없기 때문이다. 효력이 거의 없는 법률로, 거리 두기를 부탁하는 것밖에 할 수 없다. 요청이나 지시를 내릴 수 있다고는 하나, 강제력이 없으므로 결국 '더욱 강한' 거리 두기 요청에 지나지 않는다. 그래서 국가가 주저한 것이다.

한편 대부분의 지자체 지사가 긴급사태 선언을 요구한 것은 왜일까.

하나는 선거 활동 때문이다. TV 기자회견을 해서 코로나와 싸우는 용감한 모습을 보여줄 수 있다. 유권자를 위해서, 유권자의 건강을 지키기 위해서 싸우는 모습을 날마다 보여준다. 그러므로 지사의 소관이 아닌 감염자 보고를 날마다 나서서 하고, 필요하지도 급하지도 않은 기자회견을 자주 연다. 아주 합리적인 최고의 선거 활동이다.

또 하나는 자신이 싸우는 모습을 보여주면서 돈은 국가가 내게 할 생각이었기 때문이다. 그래서 계속 국가에 휴업 보상을 요구한 것이다. 유권자를 위해 싸우고 돈도 나누어 준다. 그리고 그 재원은 국가다. 이쯤 되면 최고가 아닌가.

그러나 오산이었다.

국가는 휴업 보상 부분을 양보하지 않았고, 국가가 직접 나누어 주는 일도 하지 않았다. 깨진 독에 물 붓기가 명백했기 때문이다.

국가가 굽힐 거라고 단정했던 지사들은 초조해하다가 포기했다. 그래서 긴급사태 선언을 하면서 휴업 보상은 하지 않는, 앞뒤가 맞지 않는 일이 벌어졌다.

이에 재정이 풍부한 도쿄도 지사는 승부수를 던졌다. "옜다." 하고 돈을 뿌리기로 한 것이다. 다른 현 지사가 어떻게 되든 알 바 아니었다. 도쿄는 손해 볼 일이 없었다. 그리고 인기가 올랐다. 주변 지사들은 어쩔 수 없이 얼마간의 휴업 보상을 하기로 했다.

그러나 국가를 향한 여론의 압력이 높아져, 결국 국가는 지방자치단체에 대책 경비를 어느 정도 나누어 주게 되었다.

이 구도는 사실 세계에서 재정파탄을 맞은 나라 대부분이 가지고 있는 구도다. 아르헨티나와 스페인이 전형적이다. 각 주의 권한이 강하지만 재원은 나라에 있다. 따라서 각 주는 앞뒤 생각하지 않고 돈을 뿌리고 중앙 정부는 곧바로 재정파탄을 맞는다. 일본도 어느 정도 비슷한 구도이고, 그것이 이번에 드러났다. 대단히 위험하다.

두 번째 요인은 정부와 국민 사이에 신뢰 관계가 성립되어 있지 않았다는 점이다. 그런데도 일본은 암묵적인 신뢰 관계에 크게 의존해 온 사회로, 여전히 거기에 의존해야 한다는 가치관이 존재한다.

이로 인해 국민이 정부를 신뢰하지 않는데도 정부는 국민 신뢰를 전제로 법률을 만들고 정책을 펼친다.

이 모순은 더욱 심한 모순의 결말을 가지고 올 것이 뻔하다.

예를 들어보자.

정부는 2020년 5월, 전국 대상을 유지한 채 긴급사태를 연장하기로 했다. 그러나 1주일 후, 전국에서 대도시권으로 대상을 좁히기로 했다. 이 뒤죽박죽은 어디에서 온 것일까. 왜 처음 발표 때 대도시권으로 좁히지 않은 걸까.

국민이 정부를 불신하는 반작용으로, 정부도 국민을 의심하게 되었기 때문이다. 긴급사태 대상 지역을 전국에서 대도시권으로 한정해서 발표하면 국민, 특히 대도시 사람들이 '이제 고비는 넘겼나 보다'라며 해이해질 것을 경계한 것이다. 다시 말해 아직 행동 제한, 거리 두기가 필요하다고 주장하기 위해 전국 대상을 유지한 채 연장 발표한 것이다.

상호 불신이 만든 불필요한 제한이었다.

그러나 이 배경에는 더 곤란한 문제가 있었다. 그리고 그것이 많은 부작용을 일으켰다.

그건 바로 거리 두기를 '부탁'한다는 모순이다.

세계에서 일본만이 코로나 대책으로 헤맨 것은 '거리 두기 부탁'이라는, 논리적으로 파괴된 수단 때문이다.

긴급사태 선언이라는 것은 전시 동원 체제, 계엄령에 가까운 것이므로 강제력이 없으면 의미가 없다. 그러나 강제할 목적의 법률이 강제력 없는 것이 되고 말았다. 당초 야당의 반대와 여론의 압력으로 도입했는데, 이것이 일본 국민의 취향이자 기호다. 강제가 싫은 것이다.

앞에서 국가가 휴업 보상을 받아들이지 않았다는 사실을 이야기했다. 당연한 일이다. 이번과 같은 천재지변에 가까운 일이 일어났을 때, 이로 인해 피해를 받은 사람들의 구제, 즉 실업과 도산 대책, 구제책이 가장 중요하다. 무엇보다 우선한다. 그러나 코로나 감염 방지를 위한 사회정책인 휴업 요청에 대해 보상할 필요는 없다.

본래의 긴급사태 법 체제라면 명령이므로 보상할 필요가 없다. 국민을 위해, 사회를 위해, 나라를 위해 하는 것이므로 당연히 국민으로서 협력할 의무가 있다. 보상은 손해 보는 일을 하는 대신에 주는 것이므로, 사회 전체를 위해 긴급사태 선언을 내려 감염 방지 대책을 취하는 정의로운 일이라 보상할 필요가 전혀 없다. 긴급사태 선언 결과, 어려움에 빠진 사람들은 전력을 기울여 구해야 한다. 그것이 올바른 논리다. 그러므로 실업, 도산에 대해서는 평소와 달리 최대한 폭넓게 대책을 세워야 한다. 하지만 그뿐이다. 거리 두기의 대가가 아니라 결과적으로 생활 곤란에 빠진 경우만 구제하면 된다.

결국 국가는 지속화 지원금을 나누어 주었다. 언뜻 이치에 맞는 듯이 보인다. 하지만 실현 곤란성이나 대책의 유효성, 효율성에서 보면 애매한 기준으로 사업자에게 나누어 주는 것이 아니라 자금조달을 위한 대출 지원을 최대한으로 하고, 그래도 어려움에 빠진 경우에 최대한 구제하는 것이 원래의 이치다.

하지만 있을 수 없는 일이 일어났다. 개인이나 사업자가 거리 두기의 대가를 원한 것이다. 돈을 받지 않으면 거리 두기에 협조하지 않겠다면서.

그 결과 지방자치단체는 개인사업자에게 휴업 협력금을 나누어 주고, 국민에게는 위로금 10만 엔을 일률적으로 지급했다. 정부가 국민에게 위자료를 청구받아 내준 것이나 다름없다. 정부는 국민과 서로 신뢰 관계가 없는 채로, 하지만 사회제도와 법률제도의 틀로서는 신뢰를 바탕으로, 강제력을 사용하지 않고 운영하는 길을 선택해 왔다. 그런데도 국민의 위협으로 위로금을 주게 되었다.

국민이 느슨해질 거라는 불신을 강하게 품으며, 그 국민을 신뢰하지 않고서는 성립하지 않는 '거리 두기 요청'이라는 수단으로 부탁했다. 논리적으로 잘될 리가 없다.

그 후과는 2020년 7월에 곧바로 나타났다. 확진자 수가 4월보다 많아졌는데 긴급사태 선언은커녕 지사들도 휴업 요청뿐 아니라 아무것도 하지 못하고 머뭇거리기만 했다.

돈이 없었기 때문이다.

돈을 나누어 주고 거리 두기를 요청한다는 것이 지속 불가능하다는 사실을 깨달았다.

국민은 앞으로 정부나 지사가 거리 두기를 요청해도 지시에 따를 리가 없다. 전에는 돈을 주었는데 이제 아무것도 주지 않기 때문이다.

재정적·사회적으로 실질 파탄을 맞은 것이 지금의 일본이다.

경제와 목숨의 비교

마지막으로 코로나 대책이 재정파탄을 불러일으키는 가장 큰 요인을 지적하려고 한다. 모든 것을 망가뜨리는 경제와 목숨의 비교다.

코로나 확진자 수, 사망자 수는 유럽과 미국에 비해 압도적으로 적었다. 그런데도 거리 두기 정책은 유럽과 미국 수준으로 이루어졌다. 일본의 사망자 수는 미국의 200분의 1이다. 교통사고나 일반 독감 사망자 수에 비해 훨씬 적다. 그런데도 경제와 감염 대책의 균형을 잡아야 한다는 주장은 금기시되었다.

왜 금기인가. 일본에서는 비교해서는 안 되는, 경제와 목숨을 비교하기 때문이다.

보통 사회에서는 경제와 목숨은 별개로 생각하며, 비교하지 않는다. 따라서 경제도 중요하고 목숨도 중요하다며, 오히려 비교하지 않음으로써 균형이 잡힌다.

한편 일본에서는 목숨을 희생할 거냐며 비교하는 강경한 사람들이 있다. 그런 사람과는 갑론을박해도 이길 수 없다. 왜냐하면 굳이 비교하자면 일본에서는 당연히 목숨이 중요하고, 경제는 그다음이기 때문이다. 그들은 영악하게 목숨과 경제를 비교함으로써, '목숨'을 우선하게 만들어서 경제와의 균형이라는 주제를 봉인하는 데 성공했다.

경제는 괜찮냐고 물으면 그들은 괜찮다고 한다.

경제가 엉망진창이 되어도 '코로나 때문에 어쩔 수 없지'가 그들의 암묵적인 논리이자 많은 일본 사람이 가진 암묵적 인식이다.

그러나 한편으로 목숨을 하나라도 잃게 되면, 특히 유명인이 목숨을 잃게 되면 목숨은 대신할 수 없다는 논리가 대두하면서 모든 것이 허용된다. 비합리적이어도, 모순이 있어도, 타당하지 않아도, 목숨을 구하기 위해 역효과가 나더라도 목숨을 지키기 위해서 하는 일은 모두 허용된다.

이것이 본래 비교할 수 없는 경제와 목숨을 비교함으로써 생기는 '사고 정지' 상태다.

일본 사회 최대의 결함은 '사고 정지' 사회라는 점이다.

이것은 한 예에 지나지 않는다.

감정에 호소하여 논리를 봉인한다. 생각하게 내버려 두지 않는다. 그러한 주장을 교묘하게 이용하는 논객이 있는데, 그의 주장이 먹히는 이유는 일본 국민이 '사고 정지'를 좋아하기 때문이라고 나는 개인적으로 생각한다. 그렇지 않고는 설명할 방법이 없기 때문이다.

이 장의 앞부분에서 리스크에 관한 사고 정지를 이야기했는데, 본질은 똑같다고 생각한다.

설상가상으로 경제와 목숨에 대해 정부가 180도 잘못 이해한 것이 결정적인 정책 오류를 낳았다.

즉 목숨을 구할 수 없는 정부가 경제를 비롯한 모든 것을 희생하여 목숨을 구하겠다는 자세를 취한 것이다. 거리 두기, 집에 머물기는 바이러스로부터 도망치는 행동으로, 그저 바람이 지나가기를 기다리는 것과 마찬가지다. 그 어떤 정책도 아니다. 한편 경제는 정부의 정책으로 조절할 수 있고 정책에 따라서 실현 가능한 일이 많으며 경제를 정책의 목적으로 삼아야 하는데 목숨을 위해 모두 포기했다.

할 수 있는 일은 하지 않고 할 수 없는 일을 전력을 기울여 하려고 한다. 이래서는 잘될 리가 없다. 코로나 대책이 헤매는 배경에는 이러한 오판이 근본적인 문제로 자리 잡았기 때문이다.

정부는 목숨을 구할 수 없다. 정부가 무엇을 하든 코로나에 직접 손을 쓸 수는 없다. 그것은 과학이자 의학이며, 그리고 사람들 자신의 행동, 대책이다. 정부는 촉구하는 수밖에 없다.

일본 정부는 가장 약한 촉구 수단밖에 갖고 있지 않다. 강제력이 전혀 없는 긴급사태 선언. 칼이 없는 칼집밖에 없다. 칼집으로 충분히 국민을 위협할 수 있다고 생각하는 모양인데 만에 하나, 한 번은 위협받을지 몰라도 결국 칼집 안에 칼이 없다는 사실을 누구나 알게 된다. 4월의 거리두기 요청은 효과가 있었지만 7월의 정부 호소는 무시당했다.

다시 말하지만 경제는 정부가 직접 손쓸 수 있다. 경제활동을 활발하게 하거나 돈을 직접 주거나, 목숨과 직접 관련이 없으므로 합리적으로 판단할 수 있다. 효율적인 경제 대책은 논의할 수 있으며 실시할 가능성이 있다. 논리적으로는 있다.

그런데 목숨이 우선이다. 목숨은 무엇과도 바꿀 수 없다. 그래서 '사고 정지'에 빠진다.

그리고 모든 것은 코로나 탓으로 돌릴 수 있다.

하지만 경제를 우선시하다가 목숨을 하나라도 희생하면 정치는 철저하게 비난받는다. 공무원이 비난받는다.

정부가 할 수 없는 일을 요구하고 할 수 있는 일은 시키지 않는다.

그것이 일본이다. 그 결과가 지금의 혼란이다.

감염병은 21세기, 아니 다음 10년 동안에도 몇 번이고 올 것이다. 그때마다 일본은 쇠퇴해 갈 것이다.

절망적인 마음뿐이다.

마음만이 아니다. 국민에게 휘둘리는 정치, 헤픈 정치, 한 사람을 지키기 위해 이치와 비용을 도외시할 것을 강요하는 사회, 불가능한 제로 리스크, 안심시키기 위해 돈을 뿌리는 정치, 그것을 요구하는 국민.

재정파탄은 확실하고, 정부의 도산이라는 최악의 사태가 실현된다.

절망적인 마음으로 단지 그날을 기다리는 수밖에 없다.

제6장

'애프터 코로나'의 자본주의

원점 회귀의 '경제 모델'로

미국은 패권 포기

코로나로 사회는 어떻게 변할까.

아무것도 변하지 않는다. 변하는 듯이 보인다면 그건 코로나 이전의 변화에 속도가 붙은 것일 뿐이다. 코로나는 그 계기에 지나지 않는다.

그렇다면 사회는 어떻게 변하고 있었는가.

우선 세계의 지정학적 움직임으로는 미국의 패권 상실을 들 수 있다. 아니, 패권 포기라고 하는 편이 맞다. 세계의 패권국 자리에서 내려왔다. 트럼프가 대통령이 되면서 그것이 모두의 눈에도 또렷해졌지만, 트럼프가 아니었다 해도 마찬가지였을 것이다. 세계의 경찰 자리는 일찍이 그만두었으며, 나아가 국제질서의 유지에 대해서도 무관심해졌다.

빈틈을 채우기라도 하듯이, 혹은 틈새를 노리고 중국이 등장했다. 이는 미국의 자국주의가 더욱 현저해짐으로써 코로나 이후에도 계속될 것이다. 그리고 중국은 아프리카 지원을 더욱 강화하여 아시아, 아프리카에서 영향력을 확대할 것이다.

유럽은 분기점이다. EU의 탄생으로 쇠퇴에서 반전할 가능성이 생겼지만, 2008년 금융위기가 유럽 위기로 번지고, 유로 해체 리스크가 항상 화두에 오르게 되었다(통화 유로는 절대 축소되지 않을 것이다. 오히려 장기적으로는 가맹국이 늘고 영향력이 강해질 것이 확실하다). 여기서 세계적인 경제 회복(버블이지만)으로 숨통이 트인 듯이 보였지만 그 후 이민 문제, 영국의 EU 탈퇴로 갈림길에 섰다. 이 와중에 코로나 위기가 찾아왔다. 미국과 마찬가지로 영국도 다수의 사망자를 냈다. 위기를 계기로 결속이 강해질지(강화하지 않을 수 없거나), 혼란이 이어질지 분기점에 섰다. 그러나 당분간은 혼란이 깊어질 것이다.

아시아, 아프리카의 성장

아시아 각국은 고도성장을 달성하여 신흥국가에서 성숙 국가로 기어변속을 잘해야 하는 단계에 있었는데, 이러한 상황에서 아시아 지역 내 지향이 가속화했다. 이유는 다른 선택지가 없어졌기 때문이다. 다시 말해 대미, 대중 균형을 취하면서 발전, 성숙을 목표로 하는 길이 사라졌기 때문이다. 앞으로는 미국 없이 자력으로 중국의 아시아 내 패권을 전제로 중국과 마주해야만 한다.

아시아 이외에서 중국이 영향력을 강화하고 있는 곳이 아프리카다. 유럽의 영향력이 약해지고 많은 나라가 국내 정치에서 혼란을 겪고 있는 상황도 중국이 개입할 여지(중국에는 기회)를 넓혔다. 이는 코로나 이후에도 지속될 것이다.

아프리카 대륙 내부에서는 각 나라의 차이가 지금까지보다 더 확대될 것이다. 아프리카도 나라마다 사회의 질에 큰 차이가 있다. 사회의 질이 좋은 나라는 우수한 국가로 발전해 나갈 것이며, 그렇지 않은 나라는 암흑대륙 아프리카라는 이미지에 맞는 정체가 이어질 것이다.

아프리카뿐만 아니라 전 세계에서 나라마다 코로나 대처에 따라 종합적인 실력 차이가 드러났다. 그러나 이것도 코로나로 인해 일어난 일이 아니라, 기존의 변화에 속도가 붙어 차이가 더욱 빨리 드러난 것에 지나지 않는다.

사회가 잘 기능하는 나라는 발전하고 그렇지 않은 나라는 쇠퇴한다. 그것은 정부의 힘뿐만 아니라 사회 전체의 종합적인 힘이다. 아프리카는 국가로서 미성숙한 나라가 많은 만큼 그 차이가 크게 나타나, 뛰어난 사회는 급속도로 발전하게 될 것이므로, 가장 다이내믹한 대륙이 될 전망이다.

아프리카가 성장하는 이유는 두 가지다. 이른바 현대사회 시스템이 발달해 있지 않은 만큼 발전의 여지가 많아, 백지白地에 시스템을 구축할 가능성이 있다는 점이 하나다. 새로운 테크놀로지, 그리고 지금까지 다른 나라들이 쌓아온 경험을 이용하여 뛰어난 사회 시스템을 구축할 가능성이 있다. 기득권 집단이 없다는 점도 크게 작용한다. 한편 부족 간 전쟁 등으로 시스템이 만들어지지 않은 상태에서 기득권 집단이 강하게 방해하는 나라는 반대로 비참한 상황을 맞을 것이다.

아프리카가 성장하는 또 하나의 이유는 인구증가율이 높다는 점인데, 이것을 플러스로 만들 가능성이 있다. 지금까지는 인구 폭발이 마이너스 현상이었지만 앞으로는 반대가 된다. 고도성장은 노동인구의 질과 양이 동시에 충실할 때 일어나므로, 아프리카에 그 기회가 있다. 오랜 세월을 감염병에 시달려온 대륙인 만큼, 그 경험을 21세기 감염병 시대에 활용한다면 기회는 더욱 커질 것이다.

이렇게 해서 아시아와 아프리카가 21세기에 가장 영향력을 가지는 지역이 될 것이다. 아시아는 그야말로 세계경제를 지배하고, 아프리카는 좋든 나쁘든 크게 변화하여 세계에 큰 충격을 줄 것이다.

이 흐름 속에서 일본은 아마도 어려운 상황에 처하게 될 것이다.

왜냐하면 아시아에서 지적 선구자로 활약할 큰 기회임에도 불구하고 옛날의 세계질서에 갇혀 아시아에서 가장 어렵고 수지가 안 맞는 상황에 스스로 뛰어들고 있기 때문이다.

미국은 패권을 잃었을 뿐만 아니라 스스로가 적극적으로 버리고 떠나 이제는 아무것도 할 마음이 없는데 일본은 마지막까지 미국 질서를 지키는 일원으로 남아 중국과 대립하는 입장을 취하려고 하기 때문이다.

유럽은 독일이 전형적으로 보여주듯이, 표면적으로는 미국을 따르면서 경제에서는 90% 중국 측에 붙어 그 혜택을 보며, 외교적으로도 양자와 잘 교류해 나갈 것이다. 아시아 나라들은 물론 중국 일변도로 갈 것이다. 이것은 4,000년 역사를 보면 20세기만이 예외였음을 알 수 있다.

　미국은 일본을 군사적으로 지키는 일에도 관심을 잃었고, 미국 자신을 위해서 가장 중요한 아시아 거점인 일본 열도에 대한 패권 의사를 버렸고, 장기적으로는 군사적으로도 버릴 것이다. 명목상으로는 유지할 가능성이 크지만, 실질적인 관심은 잃어갈 것이다.

　그렇게 되면 일본은 군사적으로 고립되고 경제적으로도 중국 경제권에 있는 다른 아시아 각국에 비해서도 뒤처져 실력에 비해 불우한 나라로 전락할 우려가 있다. 이것을 막으려고 하는 일본 국내 세력이 존재하지 않기 때문에, 실제로 그렇게 되고 말 것이다.

세계경제도 바로 회복한다

　세계경제는 어떻게 될까.

　자산시장, 실물경제 모두 세계적인 버블이 되었는데 리먼 사태로 붕괴되었다. 그러나 세계적인 금융 재정 총동원으로 인해 다시 세계적인 버블이 되었고, 상당한 기간 이어졌다. 이것이 2020년 코로나 위기로 붕괴했다. 2020년 3월에 일어난 일이다.

　실물경제에서는 경기순환이 상승 정점을 지나 경기후퇴가 시작되는 참이었다. 이때 코로나가 덮쳐 엄청난 속도로 수요가 소실되어 단기적으로 대불황에 빠졌다.

　주식시장을 비롯한 리스크자산 시장도 정점 상태여서, 계기만 있으면 언제든 장기 하락 국면으로 전환될 상황에서 코로나 위기로 투매 신호가 울리며 버블은 붕괴하고 전대미문의 혼란을 반복했다.

그리고 어떻게 되었는가.

주가는 코로나 전의 수준으로 거의 돌아왔다.

왜일까. 이유는 세 가지다.

첫째, 자산시장이 전 세계 중앙은행의 대규모 금융완화로 인해 다시 버블이 되었다.

둘째, 코로나 위기는 단기적인 현상이며, 장기적으로 보면 대단한 위기가 아니다.

셋째, 그런데도 전대미문의 재정·금융 정책을 펼쳤다. 그래서 실물경제에서도 자산시장과 마찬가지로 다시 재정·금융 정책에 의한 코로나 버블이 시작되었다.

그렇다면 앞으로는 어떻게 될까.

실물경제는 물론 회복된다. 다만 강약이 뒤섞인 회복이 될 것이다.

앞에서 이야기한 대로 코로나 위기는 단기적이었다. 그러므로 장기적으로는 평소대로 돌아올 것이고 자산은 금융자본, 실물 자본 모두 손상되지 않았으므로 회복하기 시작하면 속도가 붙을 것이다.

돌아오지 않는 분야는 두 가지일 것이다. 사람들 심리와 국제적인 이동.

전자는 근거가 없는 불안에 의한 것이므로 근거 없이 이어질 가능성도 있고, 알아차리고 나면 사라질 가능성도 있다. 나는 의외로 빨리 사라질 것으로 예상한다. 그러나 부분적으로는 영속적으로 변화가 지

속되는 영역도 있을 것이다. 크게 수요가 감소할 몇 가지 산업을 살펴
보자.

항공 수요는 급감

우선 국제 여객 서비스, 즉 항공산업이다. 크루즈 산업도 그렇지만
산업 규모 면에서 가장 큰 것은 항공산업이다.

물류는 줄어들지 않지만 사람의 이동은 확실히 줄어들 것이다. 개인
여행객뿐 아니라 비즈니스 승객도 매우 감소할 것이다.

단기적으로는 보복 소비pent-up demand[1]라고 불리는, 참고 있던 소비가
한 번에 터져 나올 것이다. 이것으로 수요가 회복되었다는 착각에 빠질
것이고, 나아가 정부의 경기 자극책으로 관광 등을 촉진하는 정책이 펼
쳐질 것이므로, 이에 반응하여 일시적으로 수요가 나타날 것이다.

그러나 한 바퀴 돌면 끝이다. 그 후로는 침체할 것이다.

자극책에 반응하는 것은 기본적으로 일본 국내 수요뿐, 국제 이동은
세계적인 유행 시기가 엇갈린 면도 있어서 느린 속도로밖에 돌아오지
않을 것이며, 어느 나라 정부든 지나치게 국제 이동을 제한할 것이므
로 제약은 남을 것이다.

또 장기적으로는 큰 수요의 축소가 계속적으로 일어날 것이다.

---

1 감염병 등 외부적 요인으로, 억눌렸던 소비가 보복하듯 한꺼번에 분출되는 현상.

국제 이동의 대폭적인 감소는 2001년 9월의 테러, 이른바 9월 인플레이션 이후에도 일어났다. 2003년의 사스 때도 일어났다. 두 번 모두 국제 여객 수송이 30% 안팎으로 감소했다. 그러나 이번에는 50% 이상의 감소로, 3분의 1까지 추락하기도 했다.

앞으로 어떻게 회복될까.

일반적인 시각은 이렇다. 수요의 하락세가 심각하고, 또 지금까지의 위기와는 차원이 다르다. 그래서 회복은 상당히 어렵겠지만, 한편으로 지금까지 오랫동안 사람들의 국제 이동이 증가하면서 가속도가 붙어왔으며, 앞으로도 높아질 것이므로 장기적으로는 크게 회복할 것이다. 그러므로 이번 위기를 넘기고 미래를 위해 대규모로 투자하고 사람의 이동을 장려하는 정책을 펴고, 감염 예방 대책을 철저히 준비하고, 사람들이 안전에 대해 안심할 수 있는 대책을 실현하여 장기적 경향으로 빠르게 되돌려야 한다. 따라서 항공산업은 정부가 어떻게 해서든 지원해야 한다. 기업으로서도 파산한 항공사를 싸게 사들일 기회다. 위기를 기회로 바꿔야 한다.

틀렸다.

2001년에서 2003년까지와 비교하여 2019년의 국제여객수송량은 세 배 가까이 늘었다. 물론 중국을 비롯한 개발도상국이 신흥국으로 부상하여, 많은 인구로 인해 폭발적으로 국제 여객이 증가했다. 그러나 왜 이것이 지속될 것이라고 생각하는가.

예를 들어 세계의 자동차 보유 대수는 2000년에는 7.6억 대였다. 이미 수요가 성숙했다고 생각했는데 예상을 뛰어넘는 신흥국의 성장으로 인해 2009년에는 10억 대를 돌파했다. 그러나 2017년에는 13억 대였다. 즉 증가세는 늘지 않았다.

자동차와 여객은 다르다고 할 것이다. 맞다. 하지만 아니다. 앞으로 여객이 줄어들 것은 틀림없다.

인터넷 통신의 발달이 그동안 비즈니스나 오락을 편리하게 해오기는 했지만, 라이프스타일이나 비즈니스 관행을 바꾸는 움직임은 완만했다. 이번 코로나로 유일하게 변화가 일어나는 것이 여기다. 적어도 비즈니스 스타일은 결정적으로 변할 것이다. 리스크나 비용을 줄일 수 있고, 효율이 훨씬 높아지는 인터넷 커뮤니케이션이 폭발적으로 증가할 것이다.

인터넷이 지금껏 비즈니스 출장을 대체하지 않은 것이 이상하다. 메일로 주고받기는 하지만 역시 얼굴을 마주해야 한다는 생각은 단지 선입견으로, 물론 그런 경우도 있겠지만 그렇지 않은 경우가 대부분이다.

그동안 비즈니스 여객이 줄지 않은 것도 이상하다. 피곤하고 비용이 들고 리스크도 높은 수단을 유지해 온 것이 잘못으로, 이는 관습과 환상을 바탕으로 한다. '중요하다'라는 환상이다.

이 환상은 어디에서 온 것일까.

국제간 이동이 '특별한 것', '공식적인 것'이라는 환상이자 착각이다.

예전에는 사람들이 국제선 타고 떠나는 것을 부러워했다. 그래서 비행기 조종사나 승무원이 선망의 직업이었다. 국내선뿐이었던 일본의 ANA도 JAL을 따라잡기 위해 국제선 취항을 추진했다. 해외에 가는 것 자체가 지위를 나타냈다.

업무차 해외에 간다. 멋지다. 비즈니스 클래스를 타고 1박 3일 출장을 떠난다. 엘리트 직장인의 증거이자 멋이었다. 탑승구에서 비즈니스 클래스에 먼저 타는 사람들의 우월감도 있었다.

그리고 해외 출장처럼 자존심 세우면서 즐거운 업무는 없을 것이다. 그래서 놓지 못한다. 환상은 남겨두는 것이 좋다. 해외 출장이라는 것만으로 아주 중요한 일을 하는 듯한 느낌, 출장 간 적이 없는 사람은 모르는 느낌 말이다. 사실 그동안 해온 메일, 전화 통화에 인터넷 화상 회의를 더하면 끝나지만, 굳이 환상을 무너뜨릴 필요는 없으므로 무너뜨리지 않은 것일 뿐이다.

지금은 해외 출장의 80%가 그냥 지위를 드러낼 뿐이거나, 혹은 의미가 있다 해도 80%는 인터넷으로 끝낼 수 있는 비효율적인 일이라는 사실을 누구나 알고 있다. 그러므로 당연히 없어질 것이다.

경제는 재미있다. 단기적, 부분적으로는 아주 파워풀한 원리로 사람들을 효율적인 방향으로 움직이고, 사회를 움직인다. 한편 장기적, 전체적으로는 꼭 옳은 방향으로 사람들과 사회를 움직이는 것은 아니다. 여기에 사회의 왜곡, 즉 경제 우선으로 사회를 망치는 현상이 일어난다.

이를 두고 재미있다고 해도 될지 모르겠지만, 해외 비즈니스 출장이라는 관습도 이 원리가 강력하게 들어맞는다.

단기적인 효율성에서 해외 출장은 대폭 감소할 것이며, 이 경향은 계속될 것이다. 한편 직접 만남으로 인해 생기는 가치는 장기적으로 비즈니스 세계에는 존재하지 않게 될 것이다. 그 결과 비즈니스에서

서로 다른 문화를 가진 사람과 사람의 만남은 급감하고 재미있는 비즈니스가 생겨나기 어려워져, 획일적인 글로벌 모델밖에 남지 않을지도 모른다.

한편 개인 관광에 의한 국제 여객은 다른 논리로 급감할 것이다. 일시적으로는 줄어들지 않을지도 모른다. 앞에서 이야기한 대로 보복 소비, 다시 말해 최근 몇 개월 자제할 수밖에 없었던 오락 수요, 스트레스 발산 수요가 터져 나올 것이기 때문이다.

하지만 보복 소비는 일시적인 현상일 뿐, 반복되지는 않을 것이다. 가격에 대단히 민감해서 싸면 몰려들고 비싸면 아무도 가지 않는다. 원화 강세로 한국 여행이 급감했듯이 최근 일본으로 오는 관광객이 급증한 것은 엔저가 되고, 또 물가도 계속 오르지 않아 여행비가 비교적 저렴했기 때문이다.

따라서 코로나 이후에도 정부 정책으로 인해 이득을 볼 것 같으면 가고, 항공사가 항공권을 대폭 할인하면 가지만 그렇지 않으면 가지 않을 것이다. 이른바 저가항공사 LCC의 주된 타깃은 비행기를 탄 적이 없는 사람, 해외여행을 간 적도 없고 갈 수 있을 거라고도 생각하지 않은 사람들이었다.

이용객 수가 많지 않으면 돈벌이에 도움이 안 된다. 그리고 지속되어야 하는데, 한 바퀴 돌면 끝나는 수요이므로 장기적으로는 항공사에 이익을 가져다주지 않는다.

관광객 증가는 없고, 비즈니스 승객은 대폭 감소하는 현상이 계속되는 국제 여객 비즈니스는 장기적으로도 어려움을 겪을 것이다.

관광은 되돌아오지 않는다

개인 관광 여객 이야기는 그대로 관광에도 해당된다.

항공산업과 마찬가지로 장기적으로 어려움을 겪게 될 것이 관광산업이다.

연간 1,000만 명이 까마득한 목표였던 때가 있었는데, 2012년 이후 해외에서 일본으로 오는 여행객이 급증하여 코로나 전인 2019년에는 3,000만 명을 넘어 목표가 4,000만 명으로 바뀐 참이었다.

그러나 코로나가 없어도 지속되지 않았을 것이다. 그 이유는?

첫째, 버블이었기 때문이다. 인바운드[2] 버블, 중국인 관광객의 싹쓸이 쇼핑 버블.

둘째, 한 바퀴 돌고 끝났다. 첫 번째 여행과 두 번째 여행은 다르다. 한 번은 가보고 싶지만 두 번째는 어지간해서는 갈 생각이 들지 않는다. 중국 인구 14억은 큰 숫자이므로 한 바퀴 도는 데에 시간이 걸리지만 반드시 끝난다. 한 번은 가보고 싶다고 생각한 사람이 모두 경험하고 나면 끝이다.

셋째, 중국인 관광객에게 두드러진 현상이었는데, 그들은 급속도로 경험을 쌓아갔다. 그러고 나서 단순한 일본풍으로는 만족하지 못하게 되었다. 그 결과 단순한 일본 여행, 일본 제품만으로는 달려들지 않게 되었다.

---

2 외국인의 국내 여행.

셋째 이유가 가장 중요하다. 이것이 모든 것을 나타낸다. 일본의, 관광에 의한 성장 전략은 빤히 들여다보이는 어린애 같은 속임수로, 일시적인 버블에 편승한 것이었으므로 무너질 것이 뻔했다.

이는 정책 잘못이 아니라 관광업 전체의 책임이다. 일본인도 여행 기념품 가게에 가서 물건을 사고 나서 후회한 경험이 많다. 그래도 '제일', '닌자'라는 일본어가 프린트된 티셔츠를 사는 일본인은 없으며, '도쿄대'라고 인쇄된 티셔츠를 사는 도쿄대 학생은 없다(부모님이나 할머니는 살지도 모르지만).

어린애 속임수다. 어린애 속임수는 재미있다. 돈이 된다. 그러나 아이는 어른이 된다. 어른이 되면 사지 않는다. 아니, 아이라도 두 번은 사지 않는다. 그런 어린애 속임수 같은 기념품을 팔고 닌자 테마파크에 외국인 관광객을 불러들였다. 코로나로 외국인 관광객이 오지 않게 되자 일본 국내 관광객으로 타깃을 변경하려고 했지만 일본 어린이는 닌자에 속지 않는다.

문제는 고객을 바보로 보는 바가지 씌우기 상술이다.

고객 따위는 생각하지 않는다. 그냥 관광객이다. 상품을 싹 쓸어가는 쇼핑객이다. 바보로 여긴다. 이런 서비스가 지속적으로 받아들여질 리가 있겠는가.

주택을 사는 것도 마찬가지다. 주택 매입은 인생에서 가장 비싼 쇼핑인데, 중개업자를 영업사원으로 봤을 때 아무리 봐도 다른 업계보다 수준 낮은 사람이 많다는 것은 사는 사람을 바보로 여기기 때문이다. 개개인 중개업자를 두고 하는 말이 아니라 업계의 체질적인 문제다.

노력하는 곳도 있지만 소수에 불과하고 대부분이 억지와 감언이설로 팔려고 한다.

이유는 단 하나다. 사는 사람이 경험 부족이고 다시 만날 가능성이 제로이기 때문이다. 인생에서 한 번의 쇼핑이므로 경험이 없을 수밖에 없고 흥분한 탓에 냉정함을 유지하지 못한다. 이런 손님을 마음대로 조종하는 것은 식은 죽 먹기다. 다음에 또 만날 일은 거의 없다. 있다고 하더라도 자신은 중개하지 않는다. 그 결과 업계는 자기 좋은 방향으로 흘러간다.

손님 잘못이다. 경험이 부족하면 사서는 안 된다. 컨설팅해 줄 사람을 찾아서 충분히 사례하고(돈을 내고) 사야 한다. 모두들 너무 쉽게 사려고 한다. 주택담보대출은 꼼꼼히 비교 검토하면서 주택 비교는 아내에게 등 떠밀려, 아이 학군에 따라 적당히 한다. 그래서는 안 된다.

하지만 관광객은 첫 번째는 어리석지만 그것이 경험이 된다. 한 번일본에 갔던 사람은 두 번째 여행에서는 어린애 속임수 같은 기념품은 사지 않는다. 어린애 속임수 같은 투어도 가지 않는다. 그러므로 버블은 곧 꺼지기 직전이었다.

넓게 보면 관광업이라는 것이 어려운 상황에 놓여 있다. 이동을 자제하라고 해서 가장 줄어든 것이 관광이다. 나중에 "자, 이제 돌아오세요." 했을 때 회복하기 힘든 것도 관광이다.

왜일까. 필요하지도 급하지도 않기 때문이다.

오락이 다 그렇지 않은가라고 볼 수도 있지만 그렇지 않다. 오락은 불필요한 것이 아니며 급하지 않은 것도 아니다. 오락이 없어지면 인간은 살아갈 수 없다. 인간은 매일, 매 순간 오락으로 살아간다. 업무 사이에 나누는 농담이나 시시껄렁한 이야기가 없으면 죽고 만다(일이 되지 않는다). 오락은 절대적으로 필요하다.

하지만 그것이 관광일 필요는 없다. 관광은 빅 이벤트다. 휴가 때 여행 갈 생각을 하는 것은 1년에 몇 번 혹은 몇 년에 한 번의 이벤트일 수도 있다. 다만 관광으로 얻는 것은 오락이다. 임팩트 있는 오락일 수도 있지만, 대체가 불가능하지도 않다. 아니, 세상에서 가장 대체가 쉬운 것이다.

파친코 중독, 게임 중독도 있다. 일본에는 철도 중독도 있다. 여러 가지 마니아적인 취미가 있다. 오락이지만 중독된다. 하지만 관광 중독은 없다.

여행 중독인 사람은 있다. 하지만 그들이 중독된 여행은 관광이 아니다. 대부분 관광과는 상관없는 사람들과 교류하거나 지역 주민화하거나 한다. 관광을 넘어 체류, 생활이 되는 것이다.

관광은 대단히 표면적인 것이다. 잘 생각해 보면 필요 없다. 단, 표면적이지만 즐겁다. 혹은 표면적이라서 느긋하게 쉴 수 있다. 가볍게 즐길 수 있다. 그건 그렇다. 그런 의미에서 필수일지도 모른다.

하지만 비용이 든다. 에너지도 들고, 품도 든다. 그런데 이제 불안과 리스크까지 더해졌다. 애당초 관광의 본질인 가볍게 쉬고 모든 일을 잊고 즐기는 것을 할 수 없다면 관광은 의미가 없다. 많은 비용이 드는 인기 없는 오락으로 전락하게 된다.

한편 체류형 여행은 증가하여 매년 방문하는 반복 고객이 많은 셰어 리조트, 별장 같은 숙소도 인기가 높아져 살아남을 것이다.

그러나 이러한 체류형, 매년 같은 시기에 같은 손님이 찾는 필수적인 체류를 감당할 수 있는 관광지, 숙박시설은 100분의 1도 되지 않을 것이다. 그러므로 선별이 이루어질 것이다. 따라서 여행객 숫자는 줄어들게 된다. 해외는 물론 급감하고, 국내 여행도 감소할 것이다.

소비는 대체로 불요불급

사실 관광업에 그치지 않는다.

경제 전체가 같은 상황에 빠져 있다.

현재 우리가 소비하는 것은 대부분이 필요하지도, 급하지도 않은 것들이다. 없이 살라고 해도 얼마든지 살 수 있다. 즐겁지 않을지는 모르지만 살아갈 수는 있다.

자유를 빼앗기는 것은 다른 문제다. 불요불급한 것이 현재 소비하는 것의 50%를 차지한다고 하는데, 그 반을 잃어도 우리는 자유를 잃지 않는다. 지금 소비를 75% 수준으로 떨어뜨리라고 하면 반드시 떨어뜨릴 수 있다.

이 주장에 대해 비난하는 이들도 있을 것이다. 그런 이야기는 일부 부유층 이야기라고. 삶이 힘겨운 사람도 있지 않으냐고. 물론 개인마다 여러 가지 사정이 있을 것이다. 하지만 모든 개인 이야기가 아니다. 경제 전체의 이야기다.

경제 전체에서 볼 때, 불요불급한 소비는 최저 25% 정도이고, 보통은 50%다.

좀 더 구체적으로 말하자면 불요불급 소비를 없애는 세상이 되면 포르쉐, 페라리, 마세라티는 이 세상에서 사라질 것이다. 렉서스는 사라지고 코롤라와 프리우스의 세상이 될 것이다.

의류도 반쯤 없어질 것이다. 유튜브도 반으로 줄어들고 인터넷 기업도 대부분 사라지고, 거대한 일부와 작은 소수 정예만 남을 것이다. 방송국 예능 프로그램은 반으로 줄어들고 방송국 자체도 반이 될 것이다. 과자의 수는 반토막 나고 편의점도 반으로 줄어들 것이다. 야간 업소는 전멸하지는 않는다. 딱 절반이 될 것이다. 오락은 필요하기 때문이다. 라멘집도 반, 대학도 물론 반이 될 것이다.

경제는 낭비로 성립되어 있다. 절반의 낭비를 구가하여 경제성장을 달성해 온 것이다.

코로나 위기로 일본이 가장 필요로 했지만, 손에 넣을 수 없었던 것은 무엇인가. 의료기관에서 쓰는 방호복과 마스크다.

왜 손에 넣을 수 없었을까. 부족했기 때문이다.

왜 부족했을까. 만들지 않았기 때문이다.

왜 만들지 않았을까. 돈이 되지 않았기 때문이다.

일본은 그동안 돈을 벌기 위해 매우 고도의 의료기기를 만들어냈고, 수요자 측은 수억 엔, 수십억 엔을 지불하고 그것을 샀다. 그러나 코로나 위기가 온 후 기본 중의 기본인 마스크와 방호복이 부족해 사망자가 속출했다. 이런 상황에서 가장 귀중한, 리스크를 무릅쓰고 전력을 기울여 환자를 대하는 의식 있는 의사들, 간호사들, 시설의 요양보호사들이 죽은 것이다.

그리고 고도 의료에 돈을 들이고, 미용 의료에 돈을 들이고, 쾌적하게 지내게 해주는 의료에 돈을 들이고, 연명치료로 가족들로부터 돈을 뜯어내는 의료에 돈을 들여왔다.

지난 일은 그렇다 치고 당장 방호복과 마스크가 필요하지만 만들 수가 없다.

왜일까. 마스크 만드는 기계가 없기 때문이다.

새롭게 만들면 되지 않을까. 중소기업 중 특정 기업이 만들고 있기 때문에 다른 기업에서는 곧바로 만들 수 없다. 자동차 수요가 급감했으니 최첨단 자동차 공장을 바꿔 활용하면 되지 않을까. 그렇게 간단하지 않다.

왜? 알 수 없다.

경제 시스템은 수수께끼

현재의 경제 시스템은 수수께끼다.

애덤 스미스 이후, 경제학이 300년에 걸쳐서 효율적이라고 해온 시장경제는 위기에 즉각 대응하지 못한다.

첫째, 자원배분을 적절히 하지 못한다. 마스크, 방호복의 예에서 극명하게 드러났다. 마스크와 방호복만 제대로 갖췄더라면 의료기관, 요양 시설 사망자 수는 반으로 줄었을 것이다. 프랑스에서 사망자의 40%가 요양 시설 같은 곳에서 나왔다.

이것은 수요를 잘못 읽었기 때문이다. 시장경제는 수요를 제대로 예측하지 못한다. 불확실한 시대이기 때문이라고 한다. 그렇지 않다. 불확실성은 사실 스스로 만들어낸 시장에서의 가격 변동, 사람들의 기호 변화에서 오는 것이다. 시장을 만듦으로써 불확실성이 생겨났다.

변화하지 않는 필수품은 무시하고 언제 변화할지 모르는 사치품, 오락에서 파생된 기호품에 대부분의 자원을 써왔다. 필수품도 평범하게 만들어서는 돈이 되지 않으니 불필요하게(혹은 이익을 얻기 위해 영악하게) 기호적인 부분을 덧붙였다. 예를 들어 자동차 브랜드는 신뢰성 평가로 충분한데, 패션성과 지위 등의 가치가 태반을 차지한다.

둘째, 자원배분의 오류를 바탕으로 하고 있어서 수정하려고 해도 할 수 없다.

경제 환경 변화에 유연하게 재빨리 대응할 수 있다는 점이야말로 시장경제가 계획경제보다 압도적인 이점을 가진다고 경제학이 주장해 왔다. 하지만 현실에서는 그렇지 않았다.

왜일까. 사람들이 탐욕적이기 때문이다.

돈이 안 되는 일은 하지 않는다. 마스크 생산으로 급격히 키를 돌리려고 해보지만 돈이 안 되므로 하지 않는다. 일시적인 데다 경쟁업체가 매우 많다면 바로 생산과잉이 일어나 투자가 물거품이 될 가능성이 있다. 그러니 하면 바보다. 합리적이지 않다.

마스크, 방호복도 중국에서만 급격히 증산되었다.

그동안 중국의 강권 정치를 계속 공격해 왔지만, 마스크와 방호복의 생산과 배분에서 서쪽 진영은 전혀 적수가 되지 못했다. 강권 정치가 더 낫다는 말이 아니라 시장경제에서는 기본적인 자원배분조차 불가능하다는 말로, 시장경제에 치명적 결함이 있음을 일컫는 것이다.

셋째, 사회적으로 적절한 의사결정이 불가능하다. 사회를 위해 무엇을 누구에게 분배할 것인가. 일본의 경우, 의료기관이 효율적으로 기능하기 위해 어떻게 역할 분담을 할 것인지조차 의사결정이 원활히 이루어지지 않았다. 의료기관 각각의 이해관계가 우선시되었기 때문이다. 두 팔 걷고 나선 의료기관은 칭찬받았지만 일부 사람들에게만 알려지고 금세 잊혔다. 정부가 그 의료기관을 도울 수밖에 없었다. 그러나 정부가 한 일은 시장경제의 실패를 보완한 것이다. 이는 시장이 작동하는 것을 보여준 것이 아니라 작동하지 못함을 보여주었다.

넷째, 필요한 정보를 얻을 수 없다. 우리는 정보사회에 살고 있다. 가장 효율적으로 정보가 유포된다고 하는 시대다. 그러나 유포되는 정보가 잘못된 정보투성이다. 적어도 넘치는 정보를 앞에 두고 사람들은 적절한 판단을 내리지 못한다. 오히려 TV 등의 미디어, SNS 등의 인터넷 미디어, 인터넷 후기를 찾아다니다가 패닉에 빠진다. 필요한 정보가 아니라 패닉을 확산하는 미디어이자 정보사회다.

그야말로 악화가 양화를 구축하는 세계인데, 더욱 세련되었다고 일컬어지는 사회에서 사람들은 더 패닉에 빠진다.

우리는 대체 무엇을 하고 있는가.

무엇을 위해 문명을 진보시켜 왔는가.

무엇을 위한 시장경제 사회인가.

시장경제라는 존재의 근본적인 결함에서 온 것이므로 고칠 도리가 없다.

유일한 길은 사람들과 사회가, 고칠 수 없는 결함임을 제대로 인식하고 그에 대한 준비와 대응을 해놓는 것이다. 그것이 향후 사회의 최우선 과제다.

인간 모델의 설정 실패

그렇다면 근본적인 결함은 무엇인가.

첫째, 인간은 논리적이 아니라 충동적이며, 장기보다 단기를 우선시하는 경제주체임에도 불구하고 전혀 반대의 가정으로 경제이론을 만든 데 있다. 단지 그것뿐이라면 이론의 결함, 잘못된 학문에 그쳤을 텐데 이를 바탕으로 시장경제를 만들고, 나아가 사회를 만들어버렸다.

인간의 행동은 어느 쪽으로든 흔들릴 수 있다. 그러나 위기일수록, 중요한 상황일수록 동물적인 본능을 뛰어나게 발휘한다. 그 본능이 발휘되는 지경에 이르도록 사회를 파탄 나게 만든 우리 잘못이다. 사회를 원래대로 되돌리는 수밖에 없다.

개개인은 충동적이지만 사회는 안정되어 있다. 개인을 바로잡고, 단기 지향에 주어지는 인센티브를 차단한다. 개개인의 잘못에 모질게 대하는 사회를 만드는 것이다. 현재 자본주의 시장경제와 정반대의 사회 말이다.

이것이 내가 생각하는 행동경제학 제1의 목표이자 당면 과제다.

경제학은 애덤 스미스로부터 시작된 시장경제 메커니즘 연구 결과, 시장 균형이 이상적 사회의 모습이라고 믿었다. 아니, 믿으려고 해왔다.

그리고 그것은 틀렸다.

가장 큰 이유는 시장의 실패가 아니라 인간의 실패다.

아니, 경제학에서 인간 모델을 설정하는 데 실패했기 때문이다.

"인간은 경제 합리적 존재이며, 그런 인간이 시장을 만들면 시장 사회는 자원배분을 효율적으로 해서 효율성이라는 의미에서는 이상적인 사회를 불러온다."

이러한 경제학의 이상적인 이론을 도출하고, 혹은 이러한 결론이 되도록 이론의 전제가 되는 가정을 만들어냈다. 그 근본에 있는 가정, 인간이 경제 합리적 존재라는 전제가 틀렸던 것이다.

경제학은 물론 이에 바탕을 둔다. 이것은 어디까지나 가상의 전제로, 이렇게 가상 세계를 만들어냄으로써 현실의 기준점과 이상적 모습으로서의 기준점을 만들 수 있다고 주장해 왔다.

이것은 틀렸을 뿐만 아니라 해악이다. 기준점의 이론이 현실과 동떨어졌을 뿐만 아니라 경제학이 내세운 이상이 인간 사회의 진정한 이상적 모습의 대척점에 있다는 것이 최대의 결함이다. 다시 말해 향하는 목적지가 애초부터 크게 틀렸다.

잘못의 근원은 합리적인 경제주체라고 한 인간의 행동 모델이 기준점으로서 치명적으로 틀렸던 것으로, 그 귀결은 경제학이 생각한 것 이상으로 사회를 잘못된 길로 이끌었다.

현재의 행동경제학은 인간의 비합리성이 만들어내는 어리석은 현상을 에피소드식으로 다루는 단계이지만, 궁극적으로는 새로운 인간 행동 모델을 바탕으로 새로운 경제·사회관을 제시해야 한다.

경제성장은 어디에서 오는가

경제학의 치명적인 두 번째 오류는 사고방식 자체가 틀렸다는 데 있다.

'경제성장은 어디에서 오는가.'

이 물음에 오늘날 경제학은 제대로 답하지 못한다.

일찍이 슘페터는 경제발전은 창조적 파괴와 새로운 결합에 의해 생겨난다고 했는데, 전체적으로 보면 올바르지 않지만 단면적으로는 의미가 있다. 그러나 이 단면조차 그 후의 경제학은 이어나가지 못했다.

경제학의 근대적 시조인 애덤 스미스가 그나마 정통이었다.

애덤 스미스는 시간이 걸리는 대규모 작업도 자본축적을 통해 분업이 가능해진다고 하면서, 부의 원천은 분업에 의한 생산력 상승에 있다고 했다. 이것은 자본주의가 경제를 성장시킨다는 생각의 근거가 되었다.

한편 이와는 다른 노선으로 맬서스의 성장론이 있다. 즉 인구 증가가 경제 규모의 확대를 불러온다는 생각이다.

이것을 잇는 '척을 한' 근대경제학은 합리적으로 효율 좋게(안이하게) 이 두 가지를 연결하여 생산요소인 노동력(인구)과 자본의 증가가 경제 규모의 확대, 즉 경제성장의 원천이라고 했다. 그리고 이 두 가지 생산 요소의 증가로는 설명할 수 없는 경제 확대를 생산력 향상에 의한 것으로 가정하며, 전체 요소 생산력의 상승이라고 불렀다. 그런데 생산력의 상승이 어디에서 오는 것인지에 대한 설명은 이론 모델 내에 어디에도 없다. 그뿐 아니라 실증 연구에서는 노동력과 자본의 증가로 설명할 수 없는 '잔여 오류'를 생산력 상승이라고 불렀다.

이 문제를 현대의 경영학자들(그리고 경제학자 일부)이 '멋진' 해석으로 극복했다. 즉, 슘페터의 '창조적 파괴로부터의 새로운 결합에 의한 경제발전'이라는 이론과 합쳐 이노베이션이라는 표현을 만들어냈다. 그리고 일부 이코노미스트들은 이 설명할 수 없는 생산력 상승 부분을 멋대로 이노베이션에 의한 것으로 해석했다. 그 결과 이노베이션이 일어나지 않는 경제는 성장하지 않는다는 주장이 당연한 전제로 자리 잡았다.

완전히 틀렸다.

경제성장 이론 전체를 여기서 논할 수는 없지만, 가장 치명적인 것은 맬서스의 인구 증가에 의한 성장을 뛰어넘는 성장이 어디에서 온 것인지, 그 이론을 구축하는 것을 포기하고 상태 설명에 급급했다는 점이다.

맬서스의 주장은 설득력이 있다. 농업 생산력이 증대되면 인구가 늘어난다. 이것이 경제성장이 된다. 왜냐하면 인간은 생존하기 위해 아슬아슬한 소비만 하므로 농산물의 생산이 증대되면 떠받칠 수 있는 인구가 증가하고, 그렇게 되면 노동력이 늘어나 경제 전체의 생산력이 늘고 경제는 확대된다. 대단히 명쾌하다.

하지만 그다음은 어떻게 되는가.

모른다.

스미스의 주장을 이어받은 근대경제학은 중간까지는 명쾌하다.

자본축적이 진행되어 분업이 가능해지고, 기계설비 이용이 가능해지면서 생산력이 올라간다. 그래서 사람들이 입수할 수 있는 재화의 양이 늘어난다. 경제는 확대되고 1인당 소비수준도 높아지며 부유해진다.

여기까지는 좋다. 이다음이 문제다.

이다음의 이론이 필요할 뿐만 아니라, 현실에서도 이다음이 존재하는지가 문제다.

자본가가 자본을 투하하여 기계설비를 사고 생산력을 끌어올린다. 재화를 대량으로 생산한다. 이전보다 많은 재화를 생산할 수 있다. 그러므로 생산량은 늘고 경제 규모는 확대된다.

여기에서 끝났다.

대체 누가 이것을 살 것인가.

정확하게 말하자면 사람들은 과연 이것을 전부 살 수 있는가.

사실 이것은 경제학의 역사에서는 진지하게 임해온 문제다.

공급이 먼저인가, 수요가 먼저인가. 고전적 정통파 경제학은 세이의 법칙Say's Law 즉 "공급이 수요를 만들어낸다."라고 주장했다. 이것이 대공황 때의 논쟁, 존 메이너드 케인스의 유효수요원리(중 일부)다.

그러나 전통적으로는 더욱 진지하게 현실의 심각한 문제를 바탕으로 경제학에서 논의됐다. 그리고 지금은 잊었다.

19세기까지의 경제학에서는 세상의 소비재(재화, 서비스)는 필수품과 사치품, 둘로 나뉜다는 주장이 일반적이었다. 농민은 필수품만 소비하며 생존 수준의 소비가 가능하면 생명이 유지되고 인구가 유지된다. 하지만 그 이하이면 감소하고 그 이상이면 인구가 증가한다고 보았다. 맬서스의 이론이다.

농민 이외의 귀족(또는 자본가)과 지주는 필수품 이외에 사치품을 소비했다. 생산이 늘고 부가 늘어나자 사치품의 소비가 늘고, 그들에게는 저축된 것이 있었으므로 자본축적을 이용하여 확대된 생산품을 소비하고 부유함을 만끽했다.

이것을 경제학의 전통과는 다른 각도에서 바라보고 주장한 것이 좀바르트인데, 그의 많은 주장 중 하나가《사치와 자본주의》라는 저서에 집약되었다. 귀족의 연애에서 생겨난 사치에 의해 수요가 증대되고 자본주의가 생겨나 경제가 확대되었다는 주장이다.

필수품과 사치품을 이야기하지 않고서는 경제성장의 본질, 그리고 수수께끼가 해결되지 않는다. '경제성장의 원천은 어디에서 온 것인가'라는 수수께끼 말이다.

자급자족으로 회귀하라

사실 애덤 스미스는 제대로 문제를 제시했다. 분업은 시장 규모에 제약을 받는다는 주장이 《국부론》에 실려 있다. 이 해석은 여러 가지가 있는데, 하나는 필수품을 수요할 수 있는 소비자의 확산이 충분하지 않으면 고도의 분업으로 생산을 확대해도 그 생산물을 팔 수 없다는 것이다.

따라서 경제성장은 수요에 제약을 받는다.

경제학의 현재 체계에서 경제성장 이론은 생산력이 상승하면 좋은데, 그것은 장기의 공급 측 이론으로 여겨지며, 경기에 관해서는 수요가 늘면 GDP가 증가한다는 단기 수요 측 이론으로 처리되어 성장과 경기가 통일적으로 이론화되어 있지 않다(이것에 성공했다는 상식적인 이론이 없다).

그리고 결론을 보여주지 못한 경제학자들보다 불성실한 식자들은 문제에 눈을 감고 이노베이션이라는 말로 현재의 경제문제를 처리하고 있다.

경제문제는 이노베이션이 전부다. 이노베이션이 있으면 경제가 성장하고 사람들은 부유해진다고 간단하게 치부한다.

이노베이션은 무엇인가. 기술혁신이 아니라도 좋다. 새로운 서비스로 소비자가 원하는 것이면 된다. 결과적으로 비싸게 팔리고 기업이 돈을 벌면, 돈벌이를 확대하면 그것은 이노베이션이자 성공이며, 이것이 경제의 활력을 낳고 성장을 지속시킨다고 주장하는 식자가 있다.

경제이론으로서도 사회의 목표로서도 틀렸다.

다만 그렇게 되어 있는 현실 사회의 나쁜 실태를 고발하는 거라면 맞을지도 모른다.

기업과 기업가는 광고를 통해 사람들의 소비 의욕을 자극하고 부에 여유가 있는 사람들에게 새로운 재화, 서비스를 소비하게 한다. 그리고 지출을 증대시켜 이익을 올리고 경제 규모의 확대를 실현한다. 다만 이것은 새로운 사치품, '비'필수품, 다시 말해 '불필요한' 소비를 확대하는 데 지나지 않는다. 그러나 이것 말고 경제 확대의 원천은 없다. 많은 사람의 필수품 소비는 충족되었고, 소비자나 매출을 늘리고 싶은 기업이 추가 욕구를 찾고 있기 때문이다. 필수품이 충족되지 않은 사람도 있다. 그러나 그것은 경제문제가 아니라 사회복지 문제로 처리된다.

다만 광고와 브랜드 이미지뿐인 경쟁으로는 한계가 있다. 폭발적인 돈벌이가 되지 않는다. 그래서 '위대한' 창업자나 기업가는 사치품을 필수품으로 둔갑시켜 부유층뿐 아니라 모든 사람에게 소비하게 하려고 한다. 이에 성공한 것이 위대한 이노베이션으로 칭찬을 받고, 이 기업과 기업가는 세계에서 가장 존경받으며 가장 부유한 기업과 사람이 된다.

예를 들어 스마트폰이라는, 편리하지만 이전에는 없이도 살아갈 수 있었던 물건을 필수품으로 둔갑시켜 소비량을 반쯤 강제적으로 증대시켰다.

스마트폰이 보급되자 오락을 시키고, 게임을 시키고, 채팅을 시키고, 엔터테인먼트를 시키고, 사람들을 연결하여 세상 이야기를 나누게

하여 돈을 벌었다.

스마트폰만 탓하는 것이 아니다. 현재의 경제성장은 대부분 사치품을 필수품으로 사회에 각인시켜 기업군이 이익을 올림으로써 실현한다. 그것이 현실이다.

이것이 진정한 경제성장인가.

성장이라는 말의 정의가 무엇이든 상관없다. 이것이 우리가 요구하는 사회인가.

감염병이라는 기본적인 인류 위기에 대한 기본적인 도구, 마스크와 방호복을 만들 수 없는 사회가 고도로 성장한 이상적 경제사회인가.

코로나에 대처할 기술은 거의 없고 그저 집 안에 처박혀 외출 자제만 하는 원시적인 대응이 고도로 성장한 현재 사회의 답인가. 그 원시적인 방법을 스마트폰으로 전달하는 것이 고도로 발달한 미디어와 현대 정부가 하는 일인가.

이 위기를 경험했음에도 불구하고 근본적인 경제사회 시스템을 다시 보지 않고 집중치료실을 확대하고 평소에는 부유층밖에 사용하지 못할 시설을 늘리는 것이 인류 위기의 대응인가.

우리는 필수품 생산을 소홀히 하고 사치품 만드는 데만 매달려 왔다. 그래서 성장이 가로막히면 더 큰 혁신적인 사치품을 만들어내려고 노력해 왔다. 도대체 무엇을 추구해 온 것인가.

분업에 의한 생산력 향상을 통한 풍요로운 사회의 실현, 시장경제에 의한 풍요의 실현은 좁은 지역에서의 자급자족을 조금씩 넓혀가면서 고도의 자급자족으로 하고, 이 땅 위에 발붙이고 경제생활 수준을 높이는 것이 아니겠는가.

지금 우리가 목표로 해야 할 것은 자급자족의 효율화를 조금씩 확대하는 것이 아니겠는가. 그리고 나서 오락 등을 비롯한 플러스알파, 자급자족 플러스알파를 누리는 것이 우리가 정말로 원하는 것이며, 살고 싶은 사회가 아니겠는가.

건강하면서 약간의 즐거움도 있는 소소한 행복이야말로 훌륭한 인생과 사회가 아니겠는가. 이를 실현하지 못하는 고도의 경제사회가 무슨 의미가 있단 말인가.

우선 자급자족으로 돌아가야 한다. 그로부터 조금씩 효율화, 고도화를 목표로 분업한다. 플러스알파를 얻는다. 조금씩 넓혀나간다.

이러한 경제사회의 소박한 이상으로 원점 회귀할 때다.

'마치며'를 대신하여

이제부터 어떻게 될까.

코로나는 수습될 것이다.

그리고 버블이 된다. 금융, 재정 투입에 의한 버블이다.

주식시장은 이미 마지막 단기 버블이 시작되었다. 코로나 위기로 붕괴된 버블을 구제하기 위한 버블이다. 구제를 위한 금융완화는 중앙은행의 능력을 넘어섰고, 이것으로 마지막 버블이다.

실물경제도 대폭적인 재정 투입으로 인해 버블이 된다. 최근 10년간 버블의 붕괴 처리를 미루는 세계적인 대규모의 재정 투입에 의해 버블이 된다.

그리고 금융시장과 실물경제 버블도 붕괴할 것이다.

독해진 바이러스 혹은 새로운 감염병에 의해 경제 봉쇄와 재정 투입을 통한 대규모 현금 지원으로 내몰려, 이를 거부하는 정권이 무너지고 새로운 정권이 사람들의 불안감을 잠재우기 위해 현금을 뿌리고 재정파탄이 실현될 것이다.

감염병이 아닌 위기도 마찬가지로 사람들이 재정 투입을 요구하고, 그래서 파탄을 맞을 것이다.

그 후가 중요하다.

첫째, 단기 버블은 붕괴한다.

둘째, 앞뒤가 맞지 않는, 버블 붕괴의 뒤처리를 미루기 위해 나온 버블의 생성과 붕괴의 연쇄는 여기서 끝난다. 애프터 버블의 버블은 이제 만들 수 없다. 왜냐하면 금융정책, 재정정책 모두 자원이 고갈되기 때문이다.

셋째, 애프터 버블의 버블을 만들지 못함으로써 중기 순환의 버블도 끝난다. 1990년 냉전 종료에서 시작된 중기 실물경제 버블이 끝나고 혼란을 지나 정체기, 그리고 안정기에 접어들 것이다. 30년의 버블 확대 국면이 끝나는 것이다. 그 전의 정체기는 석유파동 전부터였으니 20년 정도로, 이번 정체도 10년 단위로 수십 년에 이를 가능성이 있다.

왜 중기 버블이 유지되지 못하는가. 단기 자산시장의 금융버블은 만들고자 하면 금방 만들 수 있다. 투자가들이 모두 특정한 자산을 마구 사면 그 자산시장은 버블이 된다. 그러나 실물경제의 중기 버블은 세 가지 요소가 필요하다. 유동화, 외부, 프런티어다.

코로나 위기 이전, 즉 리먼 사태 종료 후 이 프런티어와 외부는 이미 잃었다. BRICS라는 말이 유행했듯이 2000년부터 수년간 신흥국 대부분은 중간 소득자층의 증대로 일본의 고도성장과 같은 경제 확대를 실현하여 이제 프런티어는 더 이상 존재하지 않게 되었다. 그리고 중국 경제가 확대되어 규모나 영향력이 미국과 어깨를 나란히 하는 정도가 되어 글로벌경제와 일체화되고 있다. 외부라고 불리는 경제권은 없어졌다. 유동화는 리먼 사태 전의 세계 금융버블까지 나아갔다. 이 이상의 유동화는 어렵고, 오히려 반동으로 고정화가 진행될 것이다. 실제로 최근 10년간 가장 성공한 미국 기업의 비즈니스 모델 구글, 아마존, 애플, 페이스북 등은 유동화한 인터넷 시장에서 고객을 에워쌈으로써 이익을 얻고 있으며, 시장은 반유동화를 이미 개시했다.

따라서 중기 실물경제 버블의 3요소를 모두 잃었으므로 중기 버블도 끝날 것이다. 리먼 사태 후에 이미 끝났지만 세계적인 대규모 금융완화, 양적 완화라고 하는 역사적으로 비정상적인 정책으로 인해 무리한 연명에 성공하며 중기 버블 종료가 늦춰졌지만 드디어 끝난다.

넷째, 장기 버블이 끝날지 어떨지는 갈림길에 있다. 단기 버블과 중기 버블의 붕괴의 아픔을 견디지 못하고 단기 버블을 만들어 이를 통해 중기 버블을 연명하려고 할 가능성이 있다. 즉 완전한 외부는 이제 존재하지 않지만, 부분적으로 외부로서 남아 있는 중국 부분을 시장자본주의 사회에 완전히 편입시킴으로써 연명할 가능성이 있다.

단기 버블은 전 세계에서 재정파탄이 일어나 붕괴하고 있는 곳을 중국의 재정, 금융을 동원해 다시 만들 수 있을지도 모른다. 시장의 투자가들이 흐름에 올라타 이를 확대하고 버블을 만들어 도망치려고 하면 가능하다. 한편 실물경제도 중국 경제에 의존하여 연명을 꾀할 가능성이 있다. 유럽과 미국 사회는 중국을 시장경제에 편입시킨 것처럼 행동하겠지만, 편입시켰다고 생각한 중국에 빼앗기거나 중국의 경제

시장 시스템에 들어가 중국 경제권에 하나씩 편입되어 그들이 다수파가 되거나 할 것이다.

중세에서 근대의 시작, 아니 새로운 시대의 시작은 거의 주변에서 일어났다. 중국이 외부로 존재한다면 '주변'인 중국이 중심이 되는 시스템으로 옮겨 갈 것이다.

그리고 이는 역사적으로 위화감이 없다. 미국이 세계의 중심이 된 것은 20세기라는, 고작 100년간의 이야기로 역사에서 보면 예외다. 4,000년의 중국 제국이 돌아오는 쪽이 보통의 역사로 돌아오는, 통상적인 세계로 돌아오는 것이라고 볼 수 있다.

그렇게 되면 근대 자본주의가 종언을 고하게 될지도 모른다. 새로운 시스템이 시작되는 것이다. 새로운 장기 순환을 준비하기 위한 정체기, 이행기에 접어들게 된다.

다른 길도 있을 것이다. 중국은 이미 외부가 아니다. 글로벌은 일체화되었다. 그렇다면 외부는 존재하지 않으므로 중기 버블 붕괴를 처리할 필요가 있다. 로마제국이 멸망한 후의 중세 유럽 사회는 농업 생산력 상승으로 힘을 축적했다. 버블에 기대지 않고 꾸준히 힘을 축적하는 시대가 될 가능성도 있다.

그때의 경제사회는 어떤 세계가 될까.

버블은 끝난다.

단지 양적인 경제 확대를 경제성장이라고 부르던 시대도 끝난다.

질적인 충실을 꾀하는 경제가 조용히 다가오고 있다.

즉 자급자족, 매년 안정적인 일상의 영위를 순환적으로 되풀이하는, 안정된 자급자족 순환 경제가 되고 있다.

새로운 사치품을 끊임없이 사람들에게 소비하게 하여 규모 확대를 꾀한 경제, 시장경제, 시장 자본주의 경제, 다른 이름으로 버블경제, 이것은 끝났다.

사치품 소비가 없어지고 필수품이 경제의 중심, 거의 전부가 될 것이다. 지금 우리가 소비하고 있는 것의 대부분이 선별되어 사라질 것이다. 그리고 낡은 사치품을 대신하는 새로운 유행의 사치품이 속속 등장하는 일도 없어질 것이다. 필수품이 똑같이 반복적으로 소비되어 가면서 조금씩 질이 향상되어 갈 것이다. 그러나 이것은 돈이 되지 않는다. 그저 소비자의 만족도가 높아질 뿐이다. 시장에서 이것을 팔려고 하면 소비자를 자극하여 새로 추가적인 돈을 내게 해야 하는데, 순환하고 있으므로 새로운 돈은 없다. 기술 진보는 돈이 되지 않지만, 소비자와 사회를 풍요롭게 한다.

필수품은 버블이 되지 않는다. 상품은 버블이 되지 않는다고 하고 싶지만 상품이라고 이름 붙은 순간 버블이 될 가능성이 있다. 농작물은 곡물과 상품작물로 나뉘는데, 상품작물은 스스로 소비하는 필수품이 아니라 돈을 얻기 위해 재배하는 것이다. 분업으로 상품작물을 집중생산한 경우, 팔리지 않으면 먹을 것이 없어 굶어 죽게 된다. 커피는 돈이 되지만 배부르게 해주지 않으며 생산한 본인은 마셔볼 생각도 하지 않는다. 자본가가 하라고 하니까 돈 때문에 생산한 것이다.

현대 경제사회를 살아가는 우리는 모두 상품작물을 만들며 살아간다. 상품 대부분은 사치품이다. 사치품은 일단 팔리지 않기 시작하면 아무도 사지 않는다. 우리는 모두 굶어 죽게 된다. 그런 위기가 닥치고 나서 작물을 재배하면 이미 늦다. 쌀, 마스크는 수확까지 시간이 걸리므로 시장 메커니즘하에서는 바로 대처할 수 없다.

이제 달라진다. 스스로 쓸 것만 만들고 스스로 쓰지 않는 것들은 나누어 준다. 그리고 조금은 다른 사람들에게 판다. 스스로 필요한 물품이 만들어지고 교환되고 매매되는 세상이 되고 있다. 다른 사람에게 팔기 위할 뿐인 상품은 아무도 만들지 않는다.

그렇게 되면 버블이 되지 않는다. 덤터기 씌우는 상품, 다른 이름으로 하자면 부가가치가 높은 상품, 또 다른 이름으로는 이노베이션에 의한 신제품으로 독점적 이익을 획득하는 일은 없어질 것이다.

특허제도는 개발 인센티브 때문에 경제에서 대단히 유용한 제도였지만, 어쩌면 앞으로는 그렇지 않을지도 모른다. 좋은 약을 개발했는데 미국 부자만 쓰고 인도나 방글라데시에서는 쓸 수 없다면 발명자로서 달갑지 않을 것이다. 모두가 쓸 수 있어서 행복하고 발명자 자신도 풍요로워지는 구조가 있다면 모든 사람이 행복할 것이다. 그러한 구조가 서서히 만들어져 갈 것이다.

현재의 특허제도는 타협의 산물이다. 이는 정체기가 되면 비로소 진보할 것이다. 제도와 기술은 정체기에 진보하는 법이다. 버블기에는 기존의 제도, 기술을 전제로 최대한 이익을 얻을 궁리, 기교만 발달한다.

버블은 거시 경제적으로 개별 상품에서도 사라질 것이다. 필수품의 순환 경제에서 필수품이 조금씩 진보해 가고 기술 진보가 일어나는 세계가 될 것이다.

이 세계야말로 진정한 경제성장이 실현되는 사회다.

이러한 변화가 일어나려면, 일본은 어떤 준비를 해야 할까.

걱정되는 점이 두 가지다.

첫째, 재정파탄이다. 일본은 틀림없이 재정파탄을 맞을 것이다. 어느 나라보다 재정 투입에 관용적이고, 아끼지 않고 잘 쓰며, 서비스 만점이기 때문이다. 그리고 헤프다. 좌도 우도 격차도 상관없다. 모두에게 좋은 모습만 보여주는 정치, 정보, 사람들, 사회다. 그러니 붙임성 있게 돈을 뿌려대고 재정파탄을 맞는다.

문제는 재정파탄 후, 어떻게 부활할지다. 그 준비가 부족하다.

파탄 시나리오를 검토하고 파탄 후, 무엇을 할지 정해두어야 한다.

파탄을 맞으면 어떻게 될까. 국채는 발행할 수 없으므로 세수의 범위 내에서 정부 지출을 충당하게 된다. 올해는 90조 엔을 국채로 자금조달 했으므로 올해 파탄을 맞으면 90조 엔 줄여야 한다. 90조 엔 중 60조 엔은 코로나와 관련되어 있으므로 평상시를 생각하면 30조 엔 부족하다. 30조 엔을 증세할 것인가, 지출을 줄일 것인가. 줄인다면 무엇을 얼마나 줄일지 검토하고 정해두어야 한다.

파탄을 맞고 나서 정하기에는 시간이 없다. 파탄을 맞으면 하루마다 주식이나 외환이 폭락하여 기업, 개인의 자산이 유출되어 경제의 재정립이 어려워진다. 따라서 파탄하면 곧바로 어떤 조치를 취할지 실행계획을 검토해 두어야 한다.

현실적으로는 증세 반, 지출 삭감 반이 될 것이다. 세계의 여러 나라의 과거 재정파탄 사례에서 봐도 그렇다.

재정파탄 후, 세계경제도 변해 있을 것인데 버블의 시대는 끝난다. 세계경제가 자급자족, 안정 순환 경제, 사치품에서 필수품으로 흘러가는 것과 마찬가지로 일본의 정부 지출도 사치품은 모두 없애고 필수품에 한하여 공급하게 될 것이다.

연금으로 말하자면 스스로 저축하는 등으로 바탕을 삼고, 불시의 사태로 인해 수입이 극단적으로 줄어든 사람에게만 연금을 지급하게 될 것이다. 손해보험에 가까운, 보험의 본질에 가까운 연금으로 바뀔 수밖에 없다. 의료도 마찬가지다. 불의의 사고, 긴급사태, 급성 질환 치료 등이 중심이 되고, 일상적인 의료에 대한 공적 보험의 보조는 줄어들 것이다.

다만 그동안 정치적으로 사회보장에 대한 삭감안이 어려웠던 만큼, 전문가들 사이에서는 무엇이 필수이고 무엇이 사치인지 상당히 논의되었을 것이다. 이제 사치에까지는 손이 못 미친다는 상식이 사회에 자리 잡으면 된다.

한편 어려운 것은 그 밖의 부분이다. 교육비가 사치인지 필수인지, 방위비는 어떤지 등의 논의가 필요하다. 이 논의가 가장 중요하고, 이러한 이슈야말로 정치의 장, 국회의 장에서 논쟁해야 할 일이다.

또 하나의 걱정은 일본 사회의 사고 정지다. 재정 지출의 우선순위 같은 가장 필요한 논의를 일상에서 회피하고, 논의가 가장 필요한 위기에 직면했을 때조차 논의를 거부하지 않을까. 사고 정지가 사회를 정지시키는 것은 아닐까.

본문에서 이야기했듯이 목숨과 경제를 무리하게 비교하여 사고 정지에 빠진 사회, 그것이 오늘날의 일본이다. 나아가 아무래도 일본은 사고 정지를 좋아하는 게 아닌지, 의도적으로 사고 정지가 되도록 사회를, 자기 자신을 유도하는 것은 아닌지 하는 의문을 가지지 않을 수 없다.

코로나 대책에서도 효율성, 비용 대비 효용의 논의는 봉인되고 그저 감염 확대 방지를 위해 거리 두기를 해달라며, 모두 참고 힘내자며 의료 관계자에게 감사를 건넸다. 논의 없이 감정적으로 넘어가려고 한 것이다.

개개인의 거리 두기와 대책에 관한 필요성과 타당성의 논의, 경제 대책의 타당성, 구제 대상의 선택, 이러한 중요한 의사결정을 위한 논의도 봉인되었다. 이것 역시 사고 정지인데, 그야말로 다수결의 폭력, 사회의 동조 압력에 의한 것이었다.

"어쨌든 집에 있자. 그러지 않는 사람은 나쁜 사람이다. 도쿄 사람은 모두 세균맨이다. 고향에는 명절 때도 장례식에도 오지 마라. 마을에서, 저 집 아들은 도쿄에서 왔다고 수군댈 테니 제발 오지 마라."

이런 것이 에피소드가 아니라 일상이었던 일본이다.

일본은 금융시장에서도 버블 만드는 것을 좋아하지만, 사회나 여론도 버블을 아주 좋아한다. 제멋대로 충동적인 흐름과 여론을 만들어놓고 동조하지 않는 사람들, 언론을 받아들이지 않는다. 그뿐 아니라 징벌한다. 여론 버블로 휩쓸리기 쉽고 판단할 수 없는 많은 사람을 사고 정지로 몰아넣어, 논의하고 정론을 주고받으려는 사람들을 억압하고 말살한다.

일본은 언론 버블 사회다.

버블은 금융시장, 경제, 사회를 파괴한다. 일본은 논의와 사회의 안정성을 파괴하는 언론 버블 사회가 되어버렸다.

이것이 위기에 처했을 때 가장 걱정되는 일로, 재정위기에 직면했는데도 논의를 하지 못할 뿐 아니라 재정위기를 가속화하여 끝내는 반쯤 자포자기, 사고 정지용 퍼주기로 재정파탄이 일어나고 마는 것이 아닐까.

나는 이러한 절망감에 휩싸여 있으면서도 마지막 희망을 품고 이 책을 썼다. 앞으로도 펜을 내려놓지 않고 무엇을 준비해야 할지 생각하고 집필해 나갈 생각이다.

2020년 7월
오바타 세키

애프터 버블 – 근대 자본주의는 연명할 수 있을까

초판 1쇄 발행 2021년 7월 30일 | 초판 2쇄 발행 2021년 9월 30일

지은이 | 오바타 세키
옮긴이 | 신희원
편집 | 윤경란, 이경희
디자인 | 이주연
마케팅·관리 | 배현석, 안정현
제작 | 김현권, 김병철
펴낸곳 | 미세기
펴낸이 | 박홍균
출판등록 | 1994년 7월 7일(제21-623호)
주소 | 서울특별시 강남구 논현로 164 유니북스빌딩
전화 | 02-560-0900
팩스 | 02-560-0901
홈페이지 | www.miseghy.com
전자우편 | miseghy1@miseghy.com
제조국 | 대한민국
값 | 17,000원
ISBN | 978-89-8071-510-7 03300